班组安全管理实务

现代班组建设丛书

谢振华 著

中国工人出版社

PREFACE 前言

安全生产是企业健康发展的重要前提，保障劳动者在生产过程中的安全和健康，既是法律法规的要求，也是企业的社会责任。生产安全工作不仅依靠管理者或安全规章制度的有效执行，还依靠企业全体员工共同参与，特别是需要依靠最基层的班组来实现。

班组是企业最基层的生产组织单位，是企业的“细胞”，是企业财富最直接的创造者。班组也是企业实现安全生产的基础，所有安全操作规程的执行、事故隐患的排查治理、安全事故的防范、安全措施的落实都是由班组完成的，班组是企业生产安全的第一道防线，也是最基本、最重要的防线。反之，生产安全事故也大都发生在班组中，相关数据表明，98% 的事故发生在生产班组，而其中 80% 以上事故的原因直接与班组人员有关。因此，班组的安全工作是企业的核心工作，也是一项长期、最基础的日常管理活动。企业的决策层和管理者只有将班组的安全工作扎扎实实、持之以恒地开展下去，企业的生命之树才能长青不衰、充满活力，才能抵御各类突发事故，才能确保企业生产经营的正常有序运行和健康发展。

新时代是决胜全面建成小康社会、进而全面建设社会主义现代化强国的时代，安全发展是实现新时代目标的重要保障。企业开展安全生产工作应当以人为本，坚持“安全第一、预防为主、综合治理”的方针，强化和落实生产经营单位的主体责任，建立生产经营单位负责、职工参与、政府监管、行业自律和社会监督的机制。班组安全建设是班组建设的重要组成部分，也是企业组织安全管理的基石和核心。班组的安全管理做得好，有助于生产管理、设备管理、现场管理、成本管理和效益管理的提升和有效实施，有助于增强员工的安全意识和自我防护能力。通过班组安全建设，实现以班组为核心，辐射全体员工关心和支持安全工作的新局面，齐抓共管，真正实现了安全第一、经济社会持续健康发展的目标。

编者

2021 年 9 月

CONTENTS 目录

第一章

班组安全基础知识

CHAPTER 1

第一节

班组的地位和特征

一、班组的地位

班组是在劳动分工的基础上，把生产过程中相互协同的同工种、相近工种或不同工种的人组织在一起，从事生产活动的一种组织。

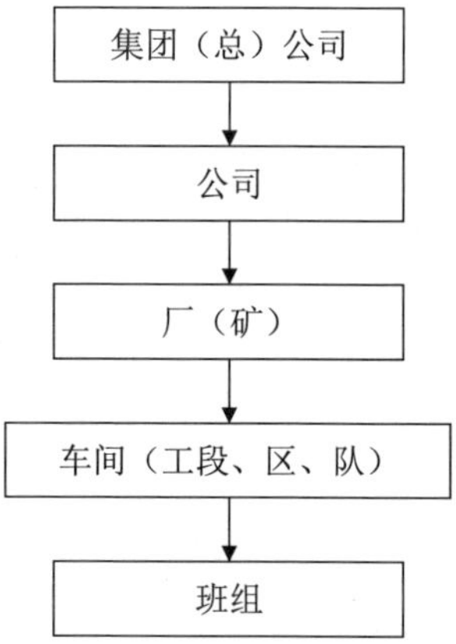

图 1–1　企业的生产组织形式

班组是生产中是基层的职能单位和管理单位，企业一般的生产组织形式如图 1–1 所示。班组在现代企业中多按照“最小行政单元”来进行划分。在一般企业中，班组长不算“干部”，但实际上班组长基本上履行了“干部”的管理职能。因此，班组长也被称为“兵头将尾”。现代企业的管理结构一般是三角形样式，基本可以分为 3 层，即决策层（高层）、执行层（中层）和操作层（基层）。高层“动脑”，中层“动口”，基层“动手”，也正因如此，为达到生产目标，作为基层的班组最为普遍。

班组是企业的“细胞”，班组管理是企业管理的基础，班组安全管理工作是企业一切工作的落脚点。做好班组管理工作是加强企业管理、做好安全生产、减少伤亡和各类灾害事故的基础和关键。

二、班组的特征

班组最基本的特征主要包括：小、繁、细、全、变、实、累。

（1）小。小是班组结构的一个显著特点。班组人员少的三五人，多的几十人，人数不算多；生产设备少的只有几台、十几台，多的不过几十台；生产的产品有的则是单一产品，有的仅是一种产品中的某几道工序或某个工段；生产方式相对比较单一，有的班组人员共同从事同一个工种（或同一道工序），有的则是从事经简单组合的某几个工种或某几道工序。

（2）繁。生产企业中的生产活动和作业是比较繁杂的。生产人员大多来自“五湖四海”，其地区、性别、年龄、文化素质和技术水平等差异都直接关系到产品的质量水平及经济效益；材料的多样性和多变性、工艺款式的多样性和个性化，决定了班组作业的复杂性和烦琐程度；不同产品和同一产品的不同工艺要求，决定了班组所需要的设备和器具的多样性和复杂性；同一产品的不同作业工段，也需要不同的设备。

（3）细。生产作业分工细，班组管理工作和任务分配也会细。一项生产任务被分解、下达到各个车间，各项指标的考核对象是车间。车间再将第一次分解的任务和指标（如计划、效率、质量、成本、出勤、安全等），按照班组职能的不同分成更小的若干个任务和指标，下达到各班组。一个班组将领受的任务和指标分配到各作业人员，把任务落实到个人，考核、管理和监督每个成员。一件产品的工艺虽然有复杂和简单之分，但是必须通过作业细分，才能实现工业化流水生产。因此，班组管理工作是最基础的一个层次，丝毫不可马虎、大意。

（4）全。在生产企业中，与生产产品有关的一切工作，最终都要落实到班组，都要通过班组及其成员来贯彻执行。生产经营目标和计划需要班组来贯彻；工艺要求和作业标准需要班组来执行；进度需要班组来把握；质量需要班组来控制；成本需要班组来核算；培训、学习需要班组来组织；优化组合、文化建设，纪律、安全、卫生等管理工作以及考核分配等都需要班组来展开。班组工作是企业总体工作的缩影。

（5）变。班组工作与班组管理工作是多变的。职工队伍的复杂性和多变性，产品品种、工艺和款式的多变性，订单产生的周期性和不确定性，材料的多样性和流行性，决定了班组工作的多变性。因此，作业计划和作业时间需要不断变更；班组人员和设备需要调配；班组作业节奏需要调整；班组管理工作也会根据班组工作的变动而做相应调整。班组工作和班组管理工作总是在变化中展开的。

（6）实。班组工作和班组管理工作，最讲一个“实”字。生产计划和进度要抓实，工艺技术和员工培训要抓实，质量控制要抓实，人员出勤和动态要抓实，交货时间要抓实，成本费用要抓实，安全卫生要抓实，考核分配要算实，制度要落实。凡班组中涉及人、财（薪）、物、技、检、安、卫的问题，班组长都要事无巨细地关心、贯彻、执行、解决。

（7）累。班组工作属于最基层的工作，任务重、负荷大、时间紧、协调难、工作累。企业的目标、指标和计划，需要班组来分解消化；人员的安排、组织和培训，需要班组来组织；产品的加工作业和完成，需要班组来实施；技术工艺质量的实现，需要班组来努力；成本控制和经济效益的实现，需要班组来落实。这些工作最终都落在班组和班组长身上，要做好可不是件轻松的事。

第二节

安全生产的基本概念

一、安全生产管理

安全生产是指在社会生产活动中，通过人、机、物料、环境的和谐运作，使生产过程中潜在的各种事故风险和伤害因素始终处于有效控制状态，切实保护劳动者的生命安全和身体健康。

安全生产管理，就是针对人们在生产过程中的安全问题，运用有效的资源，发挥人们的智慧，通过人们的努力，进行有关决策、计划、组织和控制等活动，实现生产过程中人与机器设备、物料、环境的和谐，达到安全生产的目标。

安全生产管理的基本对象是企业的员工（企业中的所有人员）、设备设施、物料、环境、财务、信息等各个方面。安全生产管理的内容包括安全生产法制管理、行政管理、监督检查、安全生产规章制度制订、设备设施管理、安全生产教育培训等方面。安全生产管理的目标是减少、控制危害和事故，尽量避免生产过程中造成的人身伤害、财产损失、环境污染以及其他损失。

二、事故的分类与分级

生产安全事故是指在生产经营活动中发生的造成人身伤亡或者直接经济损失的事件。事故是意外事件，是人们不希望发生的，同时该事件产生了违背人们意愿的后果。

依据《中华人民共和国国家标准：企业职工伤亡事故分类》（GB 6441-86），综合考虑起因物、引起事故的诱导性原因、致害物、伤害方式等，企业工伤事故共分为以下 20 类：物体打击、车辆伤害、机械伤害、起重伤害、触电、淹溺、灼烫、火灾、高处坠落、坍塌、冒顶片帮、透水、放炮、火药爆炸、瓦斯爆炸、锅炉爆炸、容器爆炸、其他爆炸、中毒和窒息以及其他伤害。

依据《生产安全事故报告和调查处理条例》（国务院令第 493 号），根据生产安全事故造成的人员伤亡或者直接经济损失，事故一般分为特别重大事故、重大事故、较大事故、一般事故 4 个等级，具体划分如下。

（1）特别重大事故，是指造成 30 人以上死亡，或者 100 人以上重伤（包括急性工业中毒，下同），或者 1 亿元以上直接经济损失的事故。

（2）重大事故，是指造成 10 人以上 30 人以下死亡，或者 50 人以上 100 人以下重伤，或者 5000 万元以上 1 亿元以下直接经济损失的事故。

（3）较大事故，是指造成 3 人以上 10 人以下死亡，或者 10 人以上 50 人以下重伤，或者 1000 万元以上 5000 万元以下直接经济损失的事故。

（4）一般事故，是指造成 3 人以下死亡，或者 10 人以下重伤，或者 1000 万元以下直接经济损失的事故。

注：该等级标准中所称的“以上”包括本数，所称的“以下”不包括本数。在衡量一个事故等级时按照最严重的标准进行划分。

案例分析

2021 年 1 月 10 日，山东某投资有限公司栖霞市笏山金矿在基建施工过程中，回风井发生爆炸事故，造成 22 人被困。经全力救援，11 人获救，10 人死亡，1 人失踪，造成直接经济损失 6847.33 万元。

2021 年 2 月 23 日，山东省人民政府批复栖霞市笏山金矿事故调查报告。调查认定，该事故是一起由于企业违规存放、使用民用爆炸物品和井口违规动火作业引发的重大生产安全责任事故，属于火药爆炸事故类别。

事故发生的直接原因是：井下违规混存炸药、雷管，井口实施罐笼气割作业产生的高温熔渣块掉入回风井，与井筒设施碰撞后弹到一中段马头门内乱堆乱放的炸药包装纸箱上，引起纸箱等可燃物燃烧，导致混存乱放在硐室内的雷管、导爆索和炸药爆炸。

三、事故隐患

生产安全事故隐患是指生产经营单位违反安全生产法律、法规、规章、标准、规程和安全生产管理制度的规定，或者因其他因素在生产经营活动中存在可能导致事故发生的危险状态、不安全行为和管理上的缺陷。

法律知识 ○○○

《中华人民共和国安全生产法》第五十九条规定，从业人员发现事故隐患或者其他不安全因素，应当立即向现场安全生产管理人员或者本单位负责人报告；接到报告的人员应当及时予以处理。

事故隐患分为一般事故隐患和重大事故隐患。一般事故隐患是指危害和整改难度较小，发现后能够立即整改排除的隐患。重大事故隐患是指危害和整改难度较大，应当全部或者局部停产停业，并经过一定时间整改治理方能排除的隐患，或者因外部因素影响致使生产经营单位自身难以排除的隐患。

四、危险与危险源

危险指系统中存在导致发生不期望后果的可能性超过了人们的承受程度。危险是人们对事物的具体认识，必须指明具体对象，如危险环境、危险条件、危险状态、危险物质、危险场所、危险人员、危险因素等。

一般用风险度表示危险的程度。在安全生产管理中，风险度用生产系统中事故发生的可能性与严重性的结合来表示。

危险源是指可能造成人员伤害和疾病、财产损失、作业环境破坏或其他损失的根源或状态。危险源可以是一次事故、一种环境、一种状态的载体，也可以是导致产生不期望后果的人或物。液化石油气在生产、储存、运输和使用过程中，可能发生泄漏，引起中毒、火灾或爆炸事故，因此，充装了液化石油气的储罐是危险源；当储罐储存了原油后，有可能因呼吸阀损坏而发生事故，因此，损坏的原油储罐呼吸阀是危险源。

根据《中华人民共和国安全生产法》第一百一十七条规定，重大危险源，是指长期地或者临时地生产、搬运、使用或者储存危险物品，且危险物品的数量等于或者超过临界量的单元（包括场所和设施）。

法律知识 ○○○

《中华人民共和国安全生产法》第四十条规定，生产经营单位对重大危险源应当登记建档，进行定期检测、评估、监控，并制定应急预案，告知从业人员和相关人员在紧急情况下应当采取的应急措施。

生产经营单位应当按照国家有关规定将本单位重大危险源及有关安全措施、应急措施报有关地方人民政府应急管理部门和有关部门备案。

五、本质安全

生产过程中的安全，即安全生产，是指在生产过程中不发生工伤事故、职业病、设备或财产损失。

本质安全是指管理人员通过设计等方法使生产设备或生产系统本身具有安全性，即使在发生误操作或故障的情况下也不会出现事故。具体包括以下两个方面。

（1）失误—安全功能，指操作者即使误操作，也不会导致事故或伤害发生，或者设备设施和技术工艺本身具有自动防止操作者发生不安全行为的功能。

（2）故障—安全功能，指设备设施或生产工艺发生故障或损坏时，还能暂时维持正常工作或自动转变为安全状态。

上述两种安全功能应该是设备设施和技术工艺本身固有的，即在其规划设计阶段就被纳入其中，而不是事后补偿的。

本质安全是生产中“预防为主”思想的根本体现，也是安全生产的最高境界。

第三节

班组及班组长的职责

一、班组的职责

班组的中心工作包括物质文明建设和精神文明建设，物质文明建设的核心是提高经济效益，精神文明建设的核心是员工遵章守纪、爱岗敬业。

班组围绕着中心工作，必须履行的职责主要包括以下 9 个方面。

（1）不折不扣完成车间下达的计划生产任务。

（2）全面执行公司的规章制度，建立健全以岗位责任制为核心的班组管理制度，以制度管理人，以感情感化人。

（3）改善劳动组织，合理调配劳动力，管好、用好原辅材料，严格控制成本费用。

（4）简化、减少物流周转环节，加快物流速度，扩大物流量，提高现场作业效率。

（5）合理使用设备，加强对设备、器械的维修保养工作。

（6）坚持执行工艺技术、质量标准不松劲，始终把安全卫生工作落到实处。

（7）加强对班组成员工作的检验、监督，及时预防和纠正错误。

（8）保护和改善作业环境，管理和爱护车间中的产品。

（9）做好班组文化建设，注意把握班组信息和及时沟通，做好班组考核分配工作。

二、班组长的地位和作用

（一）班组长的地位

班组长的地位指班组长在企业管理中所处的位置，其是基层班组的领导者，是班组生产管理的直接指挥者和组织者，属于“兵头将尾”。相对于班组成员而言，班组长是班组的排头兵；相对于经营层、管理层成员而言，班组长是“将领之尾”。面对班组成员，班组长要代表组织的立场，用领导者的声音引导和管理班组成员；面对经营层，班组长应站在班组成员的立场反映班组的呼声，以班组成员的身份说话；面对直接上级，班组长要站在同级的立场，反映情况。班组长在班组中起着承上启下的纽带作用。班组长作为最基层的领导者和组织者，既是班组生产的组织者、指挥者，又是直接的作业者，既要参与作业，完成自己的计划任务，又要指挥班组进行生产作业，合理调配和使用人、财、物等资源，按时、保质、安全地完成全班组的任务；既要带头遵章守纪，又要严格考核班组成员，做好班组的管理工作。企业经营层做出的决策和战略再好，最终也要由班组长来组织贯彻执行。由此可见班组长的地位重要而特殊。

（二）班组长的作用

班组是企业最活跃的“细胞”，班组管理是企业管理的基础。任何行业和工种的班组，其共性是拥有共同的劳动手段和对象，直接承担一定的生产任务。因此，班组长具有以下 3 个方面的重要作用。

（1）班组长是贯彻和执行经营层决策的组织者、领导者，直接影响决策的贯彻和实施效果以及企业最终实现目标。

（2）班组长既是承上启下的纽带，又是上级与员工之间联系的桥梁，对下做上级领导的代表者，对上做员工的贴心人。

（3）班组长是班组生产管理的直接组织者和生产者，因此班组长既是技术骨干、业务的多面手，又是班组工作的领头羊和排头兵。

三、班组长的素质要求

班组长要做好基层班组管理工作，或者要胜任班组长职务，不辱使命，必须具备职业道德、组织管理、专业技术和文化知识等方面的基本素质，具体包括以下 4 个方面。

（1）职业道德素质。职业道德素质是体现班组长道德魅力、人格魅力，以德服众的重要素质。首先，班组长要有强烈的事业心。班组长要将自己的工作和所辖班组的工作，作为自己的一份事业来认真经营，以强烈的责任感和使命感开展工作。其次，班组长要有高尚的道德情操，用现代社会的道德规范约束自己的言行，做遵守职业道德的典范，胸怀坦荡，团结和善，平等待人，诚信做人，要善于团结与自己持不同意见的员工，积极建设和谐向上的班组。再次，班组长要有良好的原则性。班组长要坚持原则，以公司的规章制度和规则、规程来管理员工，要树新风、立正气，坚持用制度管人不动摇。最后，班组长要有民主意识，既要坚持原则，也要坚持民主，通过多种形式、多种渠道，广泛听取班组成员的意见。对群众的意见和建议要善于总结和分析，调动员工的劳动积极性，用于改进班组的工作。

（2）组织管理素质。具备组织管理素质是班组长做好管理工作、是一名“末将”的基本标志。班组长是“将”，而且是不脱产的“末将”。班组长集“兵”与“将”于一身，不但要有“兵”的强悍，更要有“将”的韬略；不仅是战斗员，更是现场作业的指挥员。班组长要把更多的时间和精力放在如何做好班组的管理工作上，既要掌握系统的管理理论，又要善于运用管理理论，进行科学管理。要勤学苦练，不断培养自己的管理能力；要坚定信心，明确目标，努力完成任务；要身先士卒，敢想敢干，不断创新；要一身正气，善于团结合作，具有凝聚力。

（3）专业技术素质。专业技术素质是班组长以才（技）服众，当好技术“领头羊”的个人技能本领。与高层和中层干部相比，个人技术水平对班组长更为重要，涉及具体作业问题和难题时，技术是更有说服力的“撒手锏”。班组长除了要精通本岗位工种的基础理论知识，熟悉基本操作技能，还要熟知本班组设备器械的性能和使用方法，了解维护保养的知识和技巧，此外，还要及时掌握新时期的新信息以及新技术、新工艺、新设备的情况。

（4）文化知识素质。文化知识素质是班组长综合管理和科学管理班组不可缺少的精神食粮。文化知识素质包括文化水平、知识结构和实际经验等方面。班组长要提高自己的文化素养应从以下几个方面入手：不断提高自己的学历，掌握系统的理论知识；不断更新自身知识，努力掌握新的专业知识，多方面积累经验，使自己成为综合型管理人才；把学到的知识毫不吝啬地用于管理实践，提高自身分析问题和解决问题的能力。

案例分析

张某是某厂电工班的班组长，平时工作认真，好钻研，技术过硬，工段里遇到电工问题时，他往往能够准确发现事故原因，并且很快就能解决问题。时间一久，下属遇到技术困难就全部抛给他，张某也任劳任怨，不管遇到什么问题，他都冲在最前面，每天从早忙到晚，手脚不得闲。

老实敦厚的张某不大爱说话。平时和领导、同事们说话很少，私下里和领导、班组成员几乎没有什么来往。车间调度会他很少发言，班前会也只是短短几句话布置一下任务。他认为班组长最重要的就是以身作则，带头完成各项工作任务。再说，每天班上有那么多活儿要做，不应该把精力用在鸡毛蒜皮的人际关系上。

张某是一名合格的班组长吗？他的问题出在哪里？

张某不是一名称职的班组长，倒是名地道的劳模。他技术高超，处理事故的能力强，但缺乏人际关系协调能力，工作方法也比较简单，在管理上缩手缩脚，甚至“不敢管”，被下属指挥得团团转。长期如此，张某无法树立个人威信，也培养不出什么人才。

虽然班组长作为生产最前线的指挥员，有危险、有困难时应该冲在最前面，但作为一名基层管理者，绝不能忽视自己的管理职责，应该组织调动班组成员共同完成工作，而不应该只是自己埋头苦干。

四、班组长的职责

班组的管理对象是人、财、物、信息和时间。广义方面，班组长的管理职责主要包括劳务管理、生产管理和行政管理 3 个方面。它是对高层经营者和中层管理者职责的具体体现和实践，且更具体、更详细、更现实。狭义方面，班组长的职责范围包括以下 9 个方面。

（1）制度管理。坚决执行企业规章制度，维护制度的严肃性，教育和培养成员遵章守纪，为有序、高效、优质生产提供组织和制度保障。

（2）人员调配。根据生产计划任务，按照班组成员出勤的情况和产品工艺结构以及班组成员技能特点，及时组织、配备作业人员，确保生产有序、稳定进行。

（3）考勤纪律。认真考核班组成员出勤并记录考勤情况，统计考勤率，严肃考勤制度，对迟到、早退、旷工者予以符合制度规定的必要批评和处罚，以严肃生产纪律。

（4）安全生产。安全工作常抓不懈，对设备、电源电器、火种以及可能危害人身安全的作业和环境要严格监控、责任分包到人，及时发现安全隐患，预防可能发生的任何安全事故。

（5）材料控制。按领料计划单领取材料，多退少补，手续清楚，管好、用好领取的材料，存放整齐、安全卫生，如发现丢失、损坏、错漏情况，要及时报告，并追查清楚原因。

（6）设备器具。做好设备的保养维护工作，贯彻操作规程，确保员工正确使用设备器具。认真检查设备，做好一般性故障修理，确保设备高效、安全、可靠。

（7）思想教育。思想工作要走在一切工作的前面，对员工提出的困难、拒绝加班、纠纷冲突、非正常情绪、请假、迟到、早退等问题，要早做了解，早做说服教育工作，晓之以理、动之以情。不可以罚代管、以训代决。

（8）质量效率。紧抓生产作业，从源头控制质量，尽最大努力把质量问题消灭（预防）在萌芽阶段，同时巡查作业质量和产品质量，出现问题及时解决。在确保质量的前提下，理顺作业流程，提高作业效率，力争又好又快、更多更省地完成生产任务。

（9）考核分配。做好数据统计和管理，用产量、质量、考勤、费用等数据来考核班组和班组成员的工作业绩。不徇私舞弊，做到公正、公平，根据情况适时公开班组和班组成员的工作业绩。

案例分析

2017 年，南京某橡胶厂开工建设年产 10 万吨丁苯橡胶装置，由此组建了丁苯二车间，装置操作人员是从该厂各二级单位调配过来的，素质参差不齐。车间组建了 9 个班组，倒班运行。很快，各班组的业绩便拉开了距离。2018 年年底，车间 9 个班组按业绩状况进行综合排名，化工丙班排在末尾。

“班组成员凝聚力不强，岗位之间协作不理想，产品产量常有完不成计划的情况。”车间党支部书记王某说。“问题主要出在班组长管理方法不当上，调换个班组长试试。”车间主任张某说。就这样，有 4 年班组长经历、技术素质过硬、处理生产问题准确果断的刘某进入了车间领导班子成员的视野。

刘某上任之后，做的第一件事就是建立班组制度。他摸清班组存在的问题，与班组成员商议，制订了班组管理制度，内容包括安全生产、产品产量、团结协作等，甚至如何奖与罚都规定得清清楚楚。刘某在征求了班组 18 名员工的意见，并有针对性地进行完善后，把班组制度送到了各岗位成员手中。

“既然大家都同意执行这个制度，以后班组就按制度办事，不论谁违反规定，都一样执行。”刘某在班组会上说。后来，一名老师傅由于巡检不及时，导致振动布料器被胶堵上，发生了设备故障险情，被扣掉奖金 200 元；一名员工，从压块岗位的二楼向三楼扔扫把，险些造成产品质量事故，被扣掉奖金 600 元。化工丙班的制度不全是扣奖金，奖励也很多。比如，成员处理突发事故得当、及时发现设备问题等，都能得到奖励。前不久，凝聚岗员工赵某发现 B 线皂转化槽传动轴承故障，得到 500 元的奖励。

除了在工作中严格要求班组成员以外，刘某对他们的生活也很关心。一名员工查出患腰椎间盘突出，住进了医院，刘某带领全班组员工去看望。在他休养期间，刘某也多次去他家看望、鼓励他。另有一名员工因夫妻关系不好，被刘某察觉后，将他们两口子叫到家中，推心置腹地开导劝说，夫妻终于和好如初。

在刘某的影响下，丁苯二车间各班组通过高标准、严要求、细化管理，全车间安全生产水平不断提高。去年，丁苯二车间荣获该厂“模范车间”称号，化工丙班获得“优秀班组”称号，刘某获得“优秀班组长”荣誉。刘某所管理的班组发生变化的关键在于制订了先进且切合班组管理实际的制度，更重要的是认真地执行了制度。

第二章

班组安全生产责任制

CHAPTER 2

第一节

安全生产责任制的概念及要求

一、安全生产责任制的概念

安全生产责任制是按照“以人为本”的原则，坚持“安全第一、预防为主、综合治理”的安全生产方针和安全生产法规，将生产经营单位各级负责人员、各职能部门及其工作人员、各岗位人员在安全生产方面应做的事情和应负的责任加以明确规定的一种制度。

安全生产责任制是生产经营单位岗位责任制的一个组成部分，是生产经营单位中最基本的一项安全管理制度，也是生产经营单位安全生产管理制度的核心。

建立安全生产责任制的目的：一方面是增强生产经营单位各级负责人员、各职能部门及其工作人员和各岗位人员对安全生产的责任感；另一方面是明确生产经营单位中各级负责人员、各职能部门及其工作人员和各岗位人员在安全生产中应履行的职能和应承担的责任，以充分调动各部门和各级人员在安全生产方面的积极性和主观能动性，确保安全生产。

生产经营单位是安全生产的责任主体，生产经营单位必须建立、健全全员安全生产责任制，把“管行业必须管安全、管业务必须管安全、管生产经营必须管安全”的原则从制度上进行固化。这样，安全生产工作才能做到“事事有人管、层层有专责”，使领导干部和广大职工分工协作，共同努力，认真负责地做好安全生产工作，保证安全生产。

法律知识 ○○○

《中华人民共和国安全生产法》第四条规定，生产经营单位必须遵守本法和其他有关安全生产的法律、法规，加强安全生产管理，建立、健全全员安全生产责任制和安全生产规章制度，改善安全生产条件，推进安全生产标准化建设，提高安全生产水平，确保安全生产。

二、安全生产责任制的要求

建立完善的安全生产责任制的总体要求是：坚持“党政同责、一岗双责、失责追责”“横向到边、纵向到底”，并由生产经营单位的主要负责人组织建立。建立的安全生产责任制具体应满足以下 5 个方面的要求。

（1）必须符合国家安全生产法律法规和政策、方针。

（2）与生产经营单位管理体制协调一致。

（3）要根据本单位、部门、班组、岗位的实际情况制订，既明确、具体，又具有可操作性，防止形式主义。

（4）由专门的人员与机构制订和落实，并应适时修订。

（5）应有配套的监督、检查制度，以保证安全生产责任制得到真正落实。

第二节

班组安全生产责任制的内容

安全生产责任制的内容主要包括两个方面。一是纵向方面，即从上到下所有类型人员的安全生产职责。企业在建立责任制时，可先将从本单位主要负责人到岗位工人分成相应的层级，然后结合本单位的实际工作，对不同层级的人员在安全生产中应承担的职责作出规定。二是横向方面，即各职能部门（包括党、政、工、团）的安全生产职责。企业在建立责任制时，可按照本单位职能部门（如安全、设备、技术、生产、基建、人事、财务、培训、党办、工会、团委等部门）的设置，分别对其在安全生产中应承担的职责作出规定。

一、班组长的安全生产职责

班组是生产经营单位安全生产工作的关键，班组长全面负责本班组的安全生产工作，是安全生产法律法规和规章制度的直接执行者。班组长的安全生产职责包括以下 7 个方面。

（1）认真执行有关安全生产的规章制度和安全操作规程，对本班组从业人员在生产中的安全和健康负责。

（2）根据生产任务、生产环境和从业人员思想状况等特点，开展事故预防工作。对新调入的从业人员进行岗位安全教育，并在其熟悉工作前指定专人负责其安全。

（3）组织本班组从业人员学习安全生产规程，检查执行情况，教育从业人员在任何情况下都不得违章蛮干。发现违章作业时应立即制止。

（4）经常进行安全检查，发现问题并及时解决。对不能根本解决的问题，要采取临时控制措施，并及时上报。

（5）认真执行交接班制度，遇到安全问题，在隐患未排除之前或责任未分清之前不进行交接班。

（6）发生工伤事故，要保护现场，立即上报，详细记录，并组织全班组从业人员认真分析，吸取教训，提出防范措施。

（7）对事故预防工作中的好人好事及时进行表扬。

二、岗位工人的安全生产职责

岗位工人对本岗位的安全生产负直接责任，其安全生产职责包括以下 8 个方面。

（1）认真学习和严格遵守各项规章制度，不违反劳动纪律，不违章作业，对本岗位的安全生产负直接责任。

（2）精心操作，严格执行工艺纪律，做好各项记录。交接班时必须交接安全情况。

（3）正确分析、判断和处理各种事故隐患，把事故消灭在萌芽状态，如发生事故要正确处理，及时、如实地向上级报告，并保护现场，做好详细记录。

（4）按时、认真进行巡回检查，发现异常情况及时处理和报告。

（5）正确操作设备，精心维护设备，保持作业环境整洁，做好文明生产。

（6）上岗必须按规定着装，妥善保管和正确使用各种劳动防护用品和灭火器材。

（7）积极参加各种安全活动。

（8）有权拒绝违章作业的指令，对他人违章作业应加以劝阻和制止。

法律知识 ○○○

对安全生产的违法行为，有关法律法规加大了处罚力度。《中华人民共和国刑法》（2020年修正）第一百三十四条　在生产、作业中违反有关安全管理的规定，因而发生重大伤亡事故或者造成其他严重后果的，处三年以下有期徒刑或者拘役；情节特别恶劣的，处三年以上七年以下有期徒刑。

强令他人违章冒险作业，或者明知存在重大事故隐患而不排除，仍冒险组织作业，因而发生重大伤亡事故或者造成其他严重后果的，处五年以下有期徒刑或者拘役；情节特别恶劣的，处五年以上有期徒刑。

第一百三十四条之一　在生产、作业中违反有关安全管理的规定，有下列情形之一，具有发生重大伤亡事故或者其他严重后果的现实危险的，处一年以下有期徒刑、拘役或者管制：

（一）关闭、破坏直接关系生产安全的监控、报警、防护、救生设备、设施，或者篡改、隐瞒、销毁其相关数据、信息的；

（二）因存在重大事故隐患被依法责令停产停业、停止施工、停止使用有关设备、设施、场所或者立即采取排除危险的整改措施，而拒不执行的；

（三）涉及安全生产的事项未经依法批准或者许可，擅自从事矿山开采、金属冶炼、建筑施工，以及危险物品生产、经营、储存等高度危险的生产作业活动的。

案例分析

某日 11:40 左右，江苏省南通市某公司六氟磷酸锂生产车间内在更换过滤器滤芯过程中，滤芯内残留的无水氟化氢泼溅到作业人员身上，导致氟化氢中毒，造成 1 人死亡。

该事故对班组长和生产经理追究刑事责任。班组长于某某违反检维修制度，默认秦某某违规代签维修工单，未到检维修作业现场进行安全交接、确认和检查，未严格执行过滤器滤芯操作规程，未督促作业人员落实防护措施，对事故负有主要责任。

第三节

班组安全台账、作业票证管理

一、班组安全台账

（一）班组安全台账的概念及作用

安全生产台账又称安全管理台账或安全台账，是反映一个单位安全生产管理整体情况的资料记录。加强安全生产台账管理不但可以反映安全生产的真实过程和安全管理的实际效果，而且为解决安全生产中存在的问题、强化安全控制、完善安全制度提供了重要依据，是规范安全管理、夯实安全基础的重要手段。

班组安全生产台账又称为班组安全工作台账，简称班组安全台账。班组安全台账是确保班组工作有记录、管理可追溯、过程有监控的重要手段。开展台账管理工作，可能会使基层员工抱怨连连，因为记录台账费时费力，为原本就很忙碌的日常工作增添了一份负担，因此很多班组在填写台账时敷衍了事、临时拼凑，导致台账没有起到真正的作用。

班组安全台账的作用主要表现在以下 3 个方面。

（1）班组安全台账是培养员工安全习惯的手段。台账一般都有详细的格式，台账的格式是对行为的一种提示和引导，确保安全管理不漏项。例如，班前、班后例会的台账会将例会的关键流程和主要要素固化，按照台账的要求召开例会，可保障例会高效开展。再如，交接班会台账明确了班会需要交接的内容，确保交接无缺项、无扯皮。因此，台账是固化行为、养成良好习惯的一个重要的载体。

（2）班组安全台账是班组安全工作的展示平台。当上级部门检查工作时，需要了解班组的安全工作是如何做的，有哪些成效。如果仅凭班组长口述，可信度会大打折扣。班组安全台账是企业安全工作的一面镜子，通过查看其台账，便可从一定程度上判断企业安全工作的落实情况、存在的问题等。

（3）班组安全台账确保凡事可追溯。台账相当于一本备忘录，可对之前的工作进行追溯，为当前的工作奠定良好的基础。例如，年底评选最佳员工，班组长便可查看之前的工作记录和每个人“每日之星”“每周之星”“每月之星”等获评情况，谁应该被评为最佳员工便心中有数了。再如，当故障再次发生时，翻看一下以前的事故处理记录便知道如何处理。

（二）班组安全台账的种类及示例

班组安全台账的种类主要包括以下 3 种。

（1）员工安全教育台账，包括新上岗人员安全教育、日常安全教育、调岗复岗人员安全教育、“四新”安全教育等内容。

（2）班组安全活动台账，包括班前会、班后会、交接班会、班组讨论会等内容。

（3）班组安全生产日志，包括班组安全检查情况、员工违章情况、隐患排查治理情况等内容。

某班组的安全教育台账如表 2-1 所示。

表 2-1　班组安全教育台账

年　月　日

姓名		性别		年龄		考试分数	
教育类别				岗位名称			
教育内容:（教育后一周内进行检查并填写）							
教育培训效果:							

续表

领导检查意见：

二、作业票证管理

（一）作业票证管理的概念

作业票证管理也称为作业许可管理，是保证危险作业安全的有效手段。生产经营企业由于新建、改建、扩建工程项目施工和装置检修等需求，每年都有大量的施工队伍和作业人员从事各种各样的施工作业。这些作业涉及土建开挖、设备安装、管道焊接、装置防腐等多种工作，包括动火作业、受限空间作业、吊装作业、高处作业等环节，这些作业都是由作业人员通过使用专用设备设施、工器具直接操作、实施和参与，很容易发生人身伤害事故。因此必须严格各类作业环节的许可管理，加强作业过程的安全监督，预防各类事故发生。

实行作业票证管理的作业一般包括以下 9 种。

（1）动火作业。

（2）受限（有限）空间作业。

（3）盲板抽堵作业。

（4）高处作业。

（5）吊装作业。

（6）临时用电作业。

（7）动土作业。

（8）断路作业。

（9）设备检修作业。

（二）办理作业票证的要求

（1）各种作业必须按安全检修“五落实”（组织落实、教育落实、措施落实、物资落实、检查落实）要求执行。

（2）由项目负责人负责办理作业票证，作业票证应逐项填写，不得空项，并按规程要求编制可靠的安全措施。

（3）由项目负责人负责组织作业人员进行作业前的安全教育，人员学习后在作业票证上签名。

（4）作业票证不得转让、涂改，不得超越作业票证上规定的作业地点、有效时间范围使用。

（5）作业票证中所列人员应与现场人员一致，当人员发生变化时，应办理签字手续，进行相关事宜的交接。

（6）各单位要建立作业票证使用发放台账，分类保存各类票证。

（三）安全措施的落实与检查

（1）由作业点所在岗位班组长或指定专人负责检查作业前工艺条件的落实情况，确认落实后签字。

（2）由项目负责人或安全主管负责检查作业前安全措施和物资落实情况，确认落实后签字，发出开始作业指令。

（3）由作业监护人负责作业过程中的安全监护、检查，发现违章违纪应及时制止、纠正，并报告项目负责人。

（4）作业人员在接到作业票证后，要核对票证上各项内容是否落实，审批手续是否完备，若发现不具备作业条件时，有权拒绝作业。

（5）由作业点所在岗位班组长、巡检人员负责检查作业中安全措施的执行情况，发现违章违纪应及时制止、纠正，并报告项目负责人或安全管理部门。

（四）作业人员的基本要求

作业人员对作业过程中的安全负责，其职责包括但不限于以下5个方面。

（1）熟悉作业内容、地点（位号）、时间、要求，熟知作业中的危害因素、安全措施要求、逃生路线、与监护人的沟通方式等。

（2）电焊工、架子工、起重工、电工、射线探伤人员等应具备作业要求的相应能力，取得政府部门颁发的作业资格证书。

（3）要配备由项目现场主管人员根据风险辨识结果确定的劳动保护用品。

（4）严格执行作业规程和有关安全规定，服从指挥，接受监护人的监督，有权拒绝违章指挥，在安全措施没有落实、监护人脱离监护岗位或不履行监护职责的情况下，有权拒绝作业。

（5）每次作业时间不宜过长，应视季节、作业环境及人员身体状况等条件安排轮换作业或休息。

案例分析

2014年11月1日，某电厂6号机8号炉小修第一天（小修工期为11月1日至11月11日）。8时，该电厂电力检修分公司电气队召开班组长会，电气队队长李某某布置6号机组小修工作，同时安排临时工邓某到电气队变压器班参加6号机组小修工作。

8 时 30 分，变压器班班组长周某某回班安排本班组 6 号机组小修工作，提出了安全要求和注意事项。8 时 45 分，班组各工作负责人到 3 单元办理作业票证手续，陆续开始工作。9 时 50 分，班组长周某某让本班检修工钟某某到网络值班室询问“8 号炉电除尘变压器检修”安全措施是否到位，是否可以办理作业票证许可手续。同时，安排马某、王某某、邓某到变压器室开展维修工作。

10 时，马某从 3 单元电除尘器控制室拿到钥匙，打开 8 号炉电除尘变压器间小门。马某、邓某先后进入，两人将大门打开，王某某随后进入变压器间。此时，马某要去还钥匙，王某某表示一会儿再还，话音刚落，马某发现临时工邓某右手触及 8 号炉电除尘变压器高压侧 A 相引线，发生触电（时间 10 时 01 分）。王某某立刻跑到近前，将邓某脱离电源，并马上进行心肺复苏抢救，同时用手机拨打 120 急救中心和厂职工医院电话。10 时 15 分，厂职工医院医护人员和 120 救护人员先后赶到现场，立即进行全力抢救，经抢救无效，邓某于 11 时 30 分宣布死亡。

该起事故的原因包括以下 5 个方面。

（1）检修工马某违反《电业安全工作规程》（发电厂和变电所电气部分）中有关作业票证和高压室钥匙管理规定，在作业票证正在办理、安全措施尚未到位及工作未取得许可的情况下，从 3 单元电除尘器控制室取得钥匙，违章打开 8 号炉电除尘变压器间小门；专责工王某某对马某的违章行为未进行制止，在打开变压器间小门后，马某、王某某未对临时工邓某进行有效的监护，是造成这次事故的主要原因。

（2）变压器班班组长周某某违反《电业安全工作规程》（发电厂和变电所电

气部分）中有关作业票证规定，未安排“8 号炉电除尘变压器检修”作业票证工作负责人参加工作，造成人票分离，使此项工作无负责人，也是造成这次事故的主要原因。

（3）电气队负责人对电气队人员的管理、教育不到位，没有落实安全生产责任制，工作人员安全意识淡薄，违章严重，是造成这次事故的重要原因。

（4）对 8 号炉电除尘变压器间小门钥匙管理不善，未落实保管、使用制度，钥匙管理失控，是造成这次事故的间接原因之一。

（5）临时工邓某在未经许可的情况下，触及 8 号炉电除尘变压器高压侧 A 相引线，是造成人身触电死亡的直接原因。

CHAPTER 3

第三章

班组安全生产规章制度与操作规程

第一节

安全生产规章制度

一、安全生产规章制度的概念

（一）安全生产规章制度的定义

安全生产规章制度是指生产经营单位依据国家有关法律法规、国家和行业标准，结合生产经营的安全生产实际，以生产经营单位名义颁发的有关安全生产的规范性文件，一般包括规程、标准、规定、措施、办法、制度、指导意见等。

安全生产规章制度是生产经营单位贯彻国家有关安全生产的法律法规、国家标准和行业标准、国家安全生产方针、政策的行动指南，是生产经营单位有效防范生产、经营过程中的安全风险，保障从业人员安全健康、财产安全、公共安全，加强安全生产管理的重要措施。

（二）建设安全生产规章制度的依据

生产经营单位的安全生产规章制度首先必须符合国家法律法规、国家标准和行业标准的要求，以及生产经营单位所在地地方政府的相关法规、标准的要求。《中华人民共和国安全生产法》明确规定，生产经营单位必须建立、健全全员安全生产责任制和安全生产规章制度。

安全生产规章制度建设的核心是危险、有害因素的辨识和控制。通过识别危险、有害因素，提高规章制度建设的目的性和针对性，保障安全生产。同时，生产经营单位要积极借鉴相关事故教训，及时修订和完善规章制度，防范类似事故的重复发生。

随着安全科学技术的迅猛发展，安全生产风险防范的方法和手段不断完善，安全管理的方法和手段也日益丰富，如职业安全健康管理体系、风险评估和安全评价体系的建立，为生产经营单位安全生产规章制度的建设提供了重要依据。

（三）建设安全生产规章制度的原则

（1）“安全第一、预防为主、综合治理”的原则。安全第一，就是要求必须把安全生产放在各项工作的首位，正确处理好安全生产与工程进度、经济效益的关系。预防为主，就是要求生产经营单位的安全生产管理工作，要以危险、有害因素的辨识、评价和控制为基础，建立安全生产规章制度，通过制度达到规范人员行为，消除物的不安全状态，实现安全生产的目标。综合治理，就是要求在管理上综合采取组织措施和技术措施，落实生产经营单位的各级主要负责人、专业技术人员、管理人员、从业人员以及党政工团有关管理部门的责任，各负其责，齐抓共管。

（2）主要负责人负责的原则。我国安全生产法律法规对生产经营单位安全生产规章制度的建设有明确的规定。如《中华人民共和国安全生产法》规定，建立、健全并落实本单位全员安全生产责任制，组织制定并实施本单位安全生产规章制度和操作规程，是生产经营单位主要负责人的职责。安全生产规章制度的建设和实施，涉及生产经营单位的各个环节和全体人员，只有由主要负责人负责，才能有效调动和使用生产经营单位的所有资源，才能协调好各方面的关系，规章制度才能落实。

（3）系统性原则。安全风险来自生产、经营活动过程之中。因此，生产经营单位安全生产规章制度的建设，应按照安全系统工程的原理，涵盖生产经营的全过程、全员、全方位。主要包括规划设计、建设安装、生产调试、生产运行、技术改造的全过程，生产经营活动的每个环节、每个岗位、每个人，以及事故预防、应急处置、调查处理的全过程。

（4）规范化和标准化原则。生产经营单位安全生产规章制度的建设应实现规范化和标准化管理，以确保安全生产规章制度建设的严密、完整、有序，即按照系统性原则的要求，建立完整的安全生产规章制度体系；建立安全生产规章制度，起草、审核、发布、培训、执行、反馈、持续改进的组织管理程序；编制每一个安全生产规章制度，都要做到目的明确、流程清晰、标准准确，具有可操作性。

二、安全生产规章制度的种类

按照安全系统工程和人机工程原理建立的安全生产规章制度体系，一般把安全生产规章制度分为4类，即综合安全管理制度、人员安全管理制度、设备设施安全管理制度、环境安全管理制度。

（一）综合安全管理制度

综合安全管理制度包括安全生产管理目标、指标和总体原则，安全生产责任制度，安全管理定期例行工作制度，安全设施和费用管理制度，危险物品使用管理制度，重大危险源管理制度，消防安全管理制度，隐患排查和治理制度，事故调查报告处理制度，应急管理制度，安全奖惩制度，承包与发包工程安全管理制度，交通安全管理制度，防灾减灾管理制度，等等。

（二）人员安全管理制度

人员安全管理制度包括安全教育培训制度，劳动防护用品发放使用和管理制度，安全工器具的使用管理制度，特种作业及特殊危险作业管理制度，岗位安全规范，职业健康检查制度，现场作业安全管理制度，等等。

（三）设备设施安全管理制度

设备设施安全管理制度包括“三同时”制度，定期巡视检查制度，定期维护检修制度，定期检测、检验制度，安全操作规程，等等。

（四）环境安全管理制度

环境安全管理制度包括安全标志管理制度，作业环境管理制度，职业卫生管理制度，等等。

三、班组安全生产规章制度实例

（一）班前会制度

（1）本班次全体成员要准时在会议室参加班前会，按“班前十分钟”程序进行。

（2）班前会由区长或当班副区长主持，本班次工人必须全部参加。

（3）主持人在班前会上传达上级的指示，布置本班次具体工作，对职工进行安全教育，强调各岗位、各工种的安全注意事项和安全措施。

（4）班组长要从安全检查的角度对工人进行安全教育，要求其不违章指挥，不违章作业，不违反劳动纪律。

（5）班组长要从安全技术管理角度，安排布置本班次技术要求，强调安全技术措施。

（6）对没有参加班前会的人员，不准点名记工，不准进入现场作业。

（7）主持人要认真准备班前会的会议内容，做好班前会记录。

（二）班组长随班工作制度

（1）进入工作地点以后，监督上岗人员履行岗位规范内容。班组长接班后必须查看交接班记录本，了解上一班存在的问题并安排处理。

（2）认真排查安全隐患及存在的问题，并提出处理意见，落实整改措施。

（3）本班次工作时间内要巡视全部岗位，检查岗位操作人员持证上岗情况，强化安全生产动态管理。

（4）本班次结束后，填写班末安全状况，并提出处理意见，由带班副班组长签字确认，整改后方可交接班。

（5）本班次未处理完的问题不能交给下一班继续处理。当班组长发现存在重大事故隐患时必须立即停工进行整改，若无法整改，必须立即安排现场作业人员撤出，并向调度室汇报。

案例分析

2020 年 4 月 30 日 8 时 30 分许，内蒙古鄂尔多斯市某煤焦化有限公司化产回收车间冷鼓工段 2 号电捕焦油器发生燃爆事故，造成 4 人死亡，直接经济损失 843.7 万元。

事故发生的原因是：作业人员违反安全作业规定，在 2 号电捕焦油器顶部进行作业时，未有效切断煤气来源，导致煤气漏入 2 号电捕焦油器内部，与空气形成易燃易爆混合气体，作业过程中产生明火，发生燃爆。

主要事故教训：该公司安全生产责任制、安全生产规章制度和操作规程不健全、落实不到位，对煤气设备组织检维修前未制订检维修方案，未进行安全风险分析，未办理特殊作业审批手续；检维修工作安排不合理，形成交叉作业；监测报警设施不完好，不能正常使用；安全培训教育不深入，从业人员安全素质不高。

第二节

安全操作规程

一、安全操作规程的定义

安全操作规程是员工操作机器设备、调整仪器仪表和其他作业过程中必须遵守的程序和注意事项。安全操作规程规定操作过程中作业人员应该做什么、不该做什么，设施或者环境应该处于什么状态，是员工安全操作的行为规范。

安全操作规程是为了保证安全生产而制订的。生产经营单位根据生产性质、技术设备的特点和技术要求，结合实际给各工种员工制订安全操作规程，它是生产经营单位实行安全生产的一种基本制度，也是对员工进行安全教育的主要依据。

二、安全操作规程的内容

安全操作规程一般包括以下内容。

（1）操作前的准备，包括操作前检查机器设备和环境处于的状态，应做的调整以及准备的工具，等等。

（2）劳动防护用品的穿戴要求，包括允许和禁止穿戴的防护用品种类以及穿戴方法等。

（3）操作的先后顺序、方式。

（4）操作过程中机器设备的状态，如手柄、开关所处的位置等。

（5）操作过程中需要进行的测试和调整。

（6）操作人员所处的位置和操作时的规范姿势。

（7）操作过程中必须禁止的行为。

（8）一些特殊要求。

（9）异常情况如何处理。

（10）其他要求。

三、编制安全操作规程的要求

（1）规程的文字应简明。为使操作者更好地掌握、记住操作规程和发生事故时的既定处理程序，可以将安全操作规程图表化、流程化。

（2）要考虑并罗列所有危险和有害的因素，有针对性地禁止操作工人去接触这些危险和有害因素部位，防止产生不良后果。例如，开车时禁止用手去触摸某运动件，以防轧伤手指。

（3）要考虑因各岗位员工的不安全行为而导致的不安全问题。机器在运转中可能产生螺丝松动，引起机件走动而发生事故。螺丝松动与装配质量有关，因此应要求工人保证装配质量，防止事故发生。例如，装配机件时，要拧紧皮带轮固定螺丝，防止回转时松动飞出伤人。

（4）要考虑提醒员工注意安全，防止意外事故发生。尽管规程在人的不安全行为和物的不安全状态方面都控制得很好，编写时还要增加注意安全方面的条款。例如，抬笨重物品时应先检查绳索、杠棒是否牢固，两人要前呼后应，步调一致，防止下落砸伤腿脚。又如，检修时，应切断电源，挂上“不准开车”指示牌，以防他人误开车发生人身事故。

（5）要考虑因设备出现故障停车后，操作工的通知对象。例如，机器运转时，操作工闻到焦味并听到异响，应及时停车，并报告当班班组长。又如，电气设备发生故障，操作工应通知电工，不准自行修理。

（6）要考虑作业中每个工作细节可能出现的不安全问题。例如，不准酒后登高，登高时不准穿易滑的鞋子；竹梯子要有包脚，保持安全角度60°；作业时戴好安全帽，系好安全带；上下传递物品时，保持身体重心平衡，并有专人监护。

案例分析

2018年4月30日20:10，某烧结厂二烧作业区操作工张某某夜班接班后，巡检时发现 D201 皮带跑偏，随后携带工具（榔头一把）到 D201 处理，20:55 左右，张某某发现 D201 下皮带带料，遂用右脚蹬踩下皮带，试图将皮带弹起使物料抖落，致使右腿被运行的下皮带带入头轮折断。

事故的直接原因为：

（1）人的不安全行为：张某某发现 D201 下皮带带料，违反操作规程，用右脚蹬踩运行中的下皮带，试图将皮带弹起使物料抖落。

（2）物的不安全状态：D201 头轮防护罩有缺陷（皮带转动轮与皮带的卷入夹角处没有有效防护措施）。

事故的间接原因为：

（1）张某某本人安全操作意识不强。

（2）虽然平时进行了安全教育培训、必知必会辨识身边危险源工作，但检查、执行未落到实处。

（3）皮带应急开关拉绳未全覆盖皮带沿线。

该起事故发生的原因既有人的不安全行为、物的不安全状态，也有安全管理的缺陷。为了预防类似事故的发生，应采取如下措施：

（1）组织职工学习安全知识，吸取事故经验教训，切实做好辨识身边危险源工作，对辨识出的危险源制订相关安全防护措施并落实到位。

（2）加强现场作业安全措施检查力度，全面开展设备设施安全隐患排查和治理，各单位安全管理部门应到现场落实安全防护措施到位。

（3）加强对职工安全意识的培训，认真开展职工必知必会工作，提高职工按规操作的意识和岗位操作能力，树立“我要安全，我懂安全”的理念。

第四章

班组安全生产检查

CHAPTER 4

第一节

安全生产检查的类型及其内容

一、安全生产检查的类型

安全生产检查是企业安全生产的一项基本制度，是企业安全生产管理的重要内容，是消除隐患、防止事故发生、改善劳动条件的重要手段。

安全生产检查通常可分为以下 6 种类型。

（1）定期安全生产检查。定期安全生产检查一般通过有计划、有组织、有目的的形式实现，由生产经营单位统一组织实施，如月度检查、季度检查、年度检查等。

（2）经常性（日常）安全生产检查。经常性安全生产检查是由生产经营单位的安全生产管理部门、车间、班组或岗位组织进行的日常检查。一般来说，包括交接班检查、班中检查、特殊检查等几种形式。通过经常性安全生产检查发现的问题应记录在册，并及时通过信息系统和电话逐级上报。一般来说，对危及人身和设备安全的情况，岗位作业人员应根据操作规程、应急处置措施的规定，及时采取紧急处置措施，无须请示，处置后则立即汇报。

（3）季节性及节假日前后安全生产检查。季节性安全生产检查由生产经营单位统一组织，检查内容和范围则根据季节变化，按事故发生的规律对易发的潜在危险，突出重点进行检查，如冬季防冻保温、防火、防煤气中毒，夏季防暑降温、防汛、防雷电等检查。由于节假日（特别是重大节日，如元旦、春节、劳动节、国庆节）前后容易发生事故，因而应在节假日前后进行有针对性的安全检查。

（4）专业（项）安全生产检查。专业（项）安全生产检查是对某个专业（项）问题或在施工（生产）中存在的普遍性安全问题进行的单项定性或定量检查，如对危险性较大的在用设备设施、作业场所环境条件进行定量检测检验等。

（5）综合性安全生产检查。综合性安全生产检查一般是由上级主管部门组织对生产单位进行的安全检查，具有检查内容全面、检查范围广等特点。

（6）职工代表不定期安全巡查。据《中华人民共和国工会法》及《中华人民共和国安全生产法》的有关规定，生产经营单位的工会应定期或不定期组织职工代表进行安全生产检查。重点检查国家安全生产方针、法规的贯彻执行情况，各级人员安全生产责任制和规章制度的落实情况，从业人员安全生产权利的保障情况，生产现场的安全状况，等等。

二、安全生产检查的内容

安全生产检查的内容包括“软件”系统和“硬件”系统。“软件”系统主要指思想、意识、制度、管理、事故处理、隐患、整改。“硬件”系统主要指生产设备、辅助设施、安全设施、作业环境。

确定安全生产检查的具体内容应本着突出重点的原则进行。对于危险性大、易发事故、事故危害大的生产系统、部位、装置、设备等应加强检查。一般应重点检查以下 5 个方面。

（1）易造成重大损失的易燃易爆危险物品、剧毒品、锅炉、压力容器、起重设备、运输设备、冶炼设备、电气设备、冲压机械。

（2）易导致工伤，发生火灾、爆炸等事故的设备、工种、场所及其作业人员。

（3）易造成职业中毒或职业病的尘毒产生点及其作业人员。

（4）危险作业活动许可制度的执行情况，如动火、临时用电、吊装、受限空间等。

（5）连续生产的单位重点检查交接班制度执行情况。

案例分析

山西某煤矿岩石段一名副班组长，从事装岩机司机工种已 5 年。某日，当他在井下操作一台 0.2 立方米铲斗电动装岩机行走时，机器落道，机身突然与底盘掉向，底盘拧向巷道左侧，机身甩向巷道右侧并向其扑来，因躲闪不及，被挤在巷帮上，虽被迅速救出，但因胸腹被挤，肝脏破裂，大量出血，最终死亡。

设备管理和维修不到位是事故发生的直接原因。该矿《煤矿安全生产操作规程》明文规定："铲斗装岩机司机负责机器的日常维护工作，接班后需试车检查，发现问题及时处理"；作业中"检修工有协助司机对设备进行检查维护的责任"；"在替换设备时应对设备做好检查维护"。但这台机器自投入运行以来的管理情况是：司机上岗后未对该机进行检查和维护，当班检修工在使用该机前仅做了启动性能检查，没有做全面检查，该机调运中损坏的操作把手和电钮等均未修复即使用。

第二节

安全生产检查的方法和工作程序

一、安全生产检查的方法

安全生产检查的方法一般包括以下 3 种。

（1）常规检查。常规检查是一种常见的检查方法，通常是由安全管理人员作为检查工作的主体，到作业现场，通过感观或辅助一定的简单工具、仪表等，对作业人员的行为、作业场所的环境条件、生产设备设施等进行的定性检查。安全检查人员通过这一手段，及时发现现场存在的安全隐患并采取措施予以消除，纠正作业人员的不安全行为。

常规检查主要依靠安全检查人员的经验和能力，检查的结果直接受到检查人员个人素质的影响。检查时应有检查记录表，及时记录检查中发现的问题，记录表应包含隐患描述、隐患区域、隐患发现时间等相关内容。

（2）安全检查表法。为使安全检查工作更加规范，将个人行为对检查结果的影响减少到最小，常采用安全检查表法。

（3）仪器检查及数据分析法。有些生产经营单位对设备、系统的运行数据在线监视和记录，可通过数据的变化趋势对设备、系统的运行状况进行分析得出结论。对没有在线数据检测系统的机器、设备和系统，只能通过仪器检查法来进行定量化的检验与测量。

二、安全生产检查的工作程序

（一）安全检查准备

（1）确定检查对象、目的、任务。

（2）查阅、掌握有关法规、标准、规程的要求。

（3）了解检查对象的工艺流程、生产情况、可能出现的危险和危害情况。

（4）制订检查计划，安排检查内容、方法、步骤。

（5）编写安全检查表或检查提纲。

（6）准备必要的检测工具、仪器、书写表格或记录本。

（7）挑选和训练检查人员并进行必要的分工等。

（二）实施安全检查

实施安全检查就是检查人员通过访谈、查阅文件和记录、现场观察、仪器测量等方式获取信息。

（1）访谈。检查人员通过与有关人员谈话来检查其安全意识和规章制度执行情况等。

（2）查阅文件和记录。检查人员检查设计文件、作业规程、安全措施、安全生产规章制度等是否齐全、有效；查阅相应记录，判断上述文件是否被执行。

（3）现场观察。检查人员对作业现场的生产设备、安全防护设施、作业环境、操作人员等进行观察，寻找不安全因素、事故隐患、事故征兆等。

（4）仪器测量。检查人员利用一定的检测检验仪器设备，对在用的设施、设备、器材状况及作业环境条件等进行测量，检查是否存在隐患。

（三）综合分析

经现场检查和数据分析后，检查人员应对检查情况进行综合分析，得出结论和提出意见。

（四）结果反馈

现场检查和综合分析完成后，应将检查的结论和意见反馈至被检查对象。结果反馈的形式可以是现场反馈，也可以是书面反馈。现场反馈由于周期较短，可以及时将检查中发现的问题反馈至被检查对象；书面反馈周期较长但比较正式。

（五）提出整改要求

检查结束后，检查人员针对检查发现的问题，应根据问题性质的不同，提出相应的整改措施和要求。

（六）整改落实

对安全检查发现的问题和隐患，生产经营单位应制订整改计划，建立安全生产问题隐患台账，定期跟踪隐患的整改落实情况，确保按要求整改完成，形成隐患整改的闭环管理。安全生产问题隐患台账应包括隐患分类、隐患描述、问题依据、整改要求、整改责任单位、整改期限等内容。

（七）信息反馈及持续改进

在整改措施计划完成后，安全管理部门应组织有关人员进行验收。对安全检查中反复发现的问题，生产经营单位应从规章制度的健全和完善、从业人员的安全教育培训、设备系统的更新改造、加强现场检查和监督等环节入手，做到持续改进，不断提高安全生产管理水平，防范生产安全事故的发生。

案例分析

2012年6月10日10时15分，某碱厂配料工发现6号上料卷扬机蹲底，值班组长孙某通知配料巡检工钟某前来处理。钟某对6号上料卷扬机检查后，发现吊斗过顶，在没有断电的情况下，调整保护光电开关，导致卷扬机自动反转开启，手套被缠进伞形齿轮，进而将右手带进，使右手小指被挤掉一截，无名指被挤断，造成重伤。

厂方在调查事故原因的时候了解到，事发之前该车间的操作工曾多次在没有断电的情况下进行过类似的调试。毫无疑问，这是一起由习惯性违章造成的事故。这起事故给人们的教训是企业应设置有效的安全防护设施，提高设备的本质安全水平，同时，对职工要加强教育，增强其安全意识，加强安全检查，杜绝职工的不安全行为。

第三节

安全检查表

一、安全检查表的种类及优点

由于安全检查的目的和对象不同，检查的着眼点也不相同，因而需要企业编制多种类型的安全检查表。安全检查表的类型一般包括：设计审查用安全检查表、专业性安全检查表、厂级（公司）安全检查表、车间安全检查表、工段及岗位安全检查表。

安全检查表是安全系统工程中最基础也是最初级的管理手段。它具有全面性、直观性和广泛性的特点，它的优点包括以下 4 个方面。

（1）全面性和系统性。由于在编制安全检查表之前，有条件将熟悉检查对象的人员组织起来，有充足的编制和讨论的时间，因而可以做到系统性和全面性，能够防止由于遗漏项目导致事故存在隐患，克服了盲目性，避免了“走过场”的安全检查，起到了提高安全检查质量的效果。

（2）规范性。根据已有的规章制度、规程、标准等，检查作业人员遵守情况，得出准确的评价，并可逐步实现安全工作的标准化和规范化。

（3）令人印象深刻。安全检查表是以问答的形式呈现的，能够令人印象深刻，能使员工知道如何做才是正确的，因而可以起到安全教育的作用。尤其在督促各项安全生产规章制度的实施，制止违章指挥、违章作业、违反劳动纪律的工作中能够起到指导和提示的作用。

（4）可以和生产责任制相结合。针对不同的检查对象有不同的检查表，易于分清责任，可以作为安全检查人员履行职责的依据。同时，由于检查表中注有改进措施，因而每隔一段时间可有针对性地重新检查改进的情况。

二、安全检查表的编制

（一）安全检查表的编制依据

安全检查表的编制依据包括：国家有关法律法规，生产经营单位现行有效的有关标准、规程、管理制度，有关事故教训，生产经营单位安全管理文化、理念，安全技术措施和安全措施计划，季节性、地理、气候特点等。

（二）安全检查表的内容

最简单的安全检查表具备4个栏目，即编号、检查项目、“是或否”栏和备注栏（注明采取措施的要求或其他事项）。

为了使检查表进一步具体化，还可以增添项目，将各检查项目的标准或参考标准列出，使检查者和被检查者知道怎样做才是对的，有利于提高检查的效果。表中还可以列出改进措施，对于各个项目的轻重也可以列出标记或给出分值，便于检查者特别重视有严重危险的项目。在检查表的表末一定要注明检查者和检查日期，以备参考。

（三）应注意的问题

在编制安全检查表时，应注意以下 3 个问题。

（1）坚持三结合的方式。为了使编制的安全检查表切合实际，应采取安全管理人员、生产技术人员和员工三结合的方式编写，并在实践检验中不断修改、完善。

（2）根据工程经验和生产实践，列举所有的不安全状态。充分了解安全动态，收集同类或类似事故教训、安全经验及试验研究的动向，使提出的问题切中要害。

（3）查找有关的规程、规范和标准，做到提出问题有依据。

某班组日常安全检查表如表 4-1 所示。

表 4-1　班组日常安全检查表

编号	检查项目	检查内容	是或否	备注
1	作业人员	作业人员是否遵守安全操作规程		
2		作业人员是否掌握紧急情况下的应急措施		
3		特种作业人员是否持证上岗		
4		有无酒后上班，有无嬉戏、打闹、饮食等		
5		有无脱岗、睡岗、串岗等		
6		有无攀、坐或依靠机械、设备等不安全位置		
7	机械设备设施	设备是否处于正常运转状态		
8		机器运转时是否有加油、修理、检查、调整、焊接等工作		
9		设备设施是否定期进行维护保养与检修		

续表

编号	检查项目	检查内容	是或否	备注
10	机械设备设施	特种设备是否按照国家有关规定取得检验合格证		
11		监测、监视装置（仪表）是否有效、合格		
12		机械设备是否存在跑、冒、滴、漏及腐蚀现象		
13	电气安全	电气设备的金属外壳绝缘是否良好		
14		开关、插座、接触器等是否因接触不良而发热		
15		电气开关外壳是否完整可靠、无破损		
16		是否超过线缆额定电流量（最大负荷）		
17	作业环境	安全标志是否完整、清晰		
18		通风设施设备是否良好		
19		作业场所照明灯具是否完好		
20		作业场所地面是否平整、无积水、无垃圾杂物等		
21		作业场所门窗是否完整、无破损		
22		安全操作规程是否完整、清晰，是否悬挂上墙		
23	消防安全	是否配备有灭火器、消火栓 / 带		
24		通向灭火器和消火栓 / 带的通道是否畅通无阻		
25		应急照明灯具是否完好		

检查人:　　　　　　　　　　检查日期:

第五章

班组安全风险管控

CHAPTER 5

第一节

危险和有害因素的分类

一、按导致事故的直接原因进行分类

依据《生产过程危险和有害因素分类与代码》（GB/T 13861），将生产过程中的危险和有害因素分为 4 类。

（一）人的因素

（1）心理、生理性危险和有害因素。包括：负荷超限、健康状况异常、从事禁忌作业、心理异常、辨识功能缺陷等。

（2）行为性危险和有害因素。包括：指挥错误、操作错误、监护失误等。

（二）物的因素

（1）物理性危险和有害因素。包括：设备、设施、工具、附件缺陷，防护缺陷，电伤害，噪声，振动危害，电离辐射，非电离辐射，运动物伤害，明火，高温物质，低温物质，信号缺陷，标志缺陷，有害光照，等等。

（2）化学性危险和有害因素。包括：爆炸品，压缩气体和液化气体，易燃液体，易燃固体、自燃物品和遇湿易燃物品，氧化剂和有机过氧化物，有毒

品，放射性物品，腐蚀品，粉尘和气溶胶，等等。

（3）生物性危险和有害因素。包括：致病微生物、传染病媒介物、致害动物、致害植物等。

（三）环境因素

（1）室内作业场所环境不良。

（2）室外作业场所环境不良。

（3）地下（含水下）作业环境不良。

（4）其他作业环境不良。

（四）管理因素

（1）职业安全卫生组织机构不健全。

（2）职业安全卫生责任制未落实。

（3）职业安全卫生管理规章制度不完善。

（4）职业安全卫生投入不足。

（5）职业健康管理不完善。

（6）其他管理因素缺陷。

二、参照事故类别进行分类

参照《中华人民共和国国家标准：企业职工伤亡事故分类》（GB 6441-86），综合考虑起因物、引起事故的诱导性原因、致害物、伤害方式等，将危险因素分为以下 20 类。

（1）物体打击，指物体在重力或其他外力的作用下产生运动，打击人体，造成人身伤亡事故，不包括因机械设备、车辆、起重机械、坍塌等引发的物体打击。

（2）车辆伤害，指企业机动车辆在行驶中引起的人体坠落和物体倒塌、下落、挤压伤亡事故，不包括起重设备提升、牵引车辆和车辆停驶时发生的事故。

（3）机械伤害，指机械设备运动（静止）部件、工具、加工件直接与人体接触引起的夹击、碰撞、剪切、卷入、绞、碾、割、刺等伤害，不包括车辆、起重机械引起的机械伤害。

（4）起重伤害，指各种起重作业（包括起重机安装、检修、试验）中发生的挤压、坠落（吊具、吊重）、物体打击等。

（5）触电，包括雷击伤亡事故。

（6）淹溺，包括高处坠落淹溺，不包括矿山、井下透水淹溺。

（7）灼烫，指火焰烧伤、高温物体烫伤、化学灼伤（酸、碱、盐、有机物引起的体内外灼伤）、物理灼伤（光、放射性物质引起的体内外灼伤），不包括电灼伤和火灾引起的烧伤。

（8）火灾。

（9）高处坠落，指在高处作业中发生坠落造成的伤亡事故，不包括触电坠落事故。

（10）坍塌，指物体在外力或重力作用下，超过自身的强度极限或因结构稳定性破坏而造成的事故，如挖沟时的土石塌方、脚手架坍塌、堆置物倒塌等，不适用于矿山冒顶片帮和车辆、起重机械、爆破引起的坍塌。

（11）冒顶片帮。

（12）透水。

（13）放炮，指爆破作业中发生的伤亡事故。

（14）火药爆炸，指火药、炸药及其制品在生产、加工、运输、储存中发生的爆炸事故。

（15）瓦斯爆炸。

（16）锅炉爆炸。

（17）容器爆炸。

（18）其他爆炸。

（19）中毒和窒息。

（20）其他伤害。

案例分析

2013 年 10 月 12 日 10 时 30 分许，重庆丰都某在建项目施工工地 4 号桥墩，因浮吊悬臂脱落冲击钢围堰，致使钢围堰整体断裂向上游倾覆，造成在围堰中作业的 10 名工人和岸边 1 名群众遇难，2 人受伤。

这起事故属于坍塌事故，事故的主要原因为：

（1）物的因素。围堰结构与构造不合理，围堰结构应力超限、稳定性安全储备不足，在水的压力作用下，钢围堰在隔舱混凝土顶部位置突发断裂。

（2）管理因素。分部分项工程的程序规定存在严重缺陷，监理环节严重违反工程建设的有关规定。

第二节

辨识危险和有害因素的方法与主要内容

一、辨识危险和有害因素的方法

常用的辨识危险和有害因素的方法包括直观经验分析法和系统安全分析法。

（一）直观经验分析法

直观经验分析法适用于有可供参考先例、以往经验可以借鉴的系统，不能应用在没有可供参考先例的新开发系统。直观经验分析法分为以下 2 种。

（1）对照、经验法。对照、经验法是分析人员对照有关标准、法规、检查表或依靠观察分析能力，借助于经验和判断能力对评价对象的危险和有害因素进行分析的方法。

（2）类比方法。类比方法是分析人员利用相同或相似工程系统或作业条件的经验和劳动安全卫生的统计资料，来类推、分析评价对象的危险和有害因素的方法。

（二）系统安全分析法

系统安全分析法是应用安全评价方法中的某些方法来辨识危险和有害因素，常用于复杂且没有事故经验的新开发系统。常用的系统安全分析法有预先危险性分析法、事故树分析法等。

二、辨识危险和有害因素的主要内容

在对危险和有害因素进行辨识时，要全面、有序地进行，防止出现漏项，宜从厂址、总平面布置、道路运输、建（构）筑物、生产工艺、主要设备装置、作业环境、安全管理措施 8 方面进行。

（一）厂址

从厂址的工程地质、地形地貌、水文、气象条件、周围环境、交通运输条件及自然灾害、消防支持等方面进行分析、识别。

（二）总平面布置

从功能分区、防火间距和安全间距、风向、建筑物朝向、危险和有害物质设施、动力设施（氧气站、乙炔气站、压缩空气站、锅炉房、液化石油气站等）、道路、储运设施等方面进行分析、识别。

（三）道路运输

从运输、装卸、消防、疏散、人流、物流、平面交叉运输和竖向交叉运输等方面进行分析、识别。

（四）建（构）筑物

从厂房的生产火灾危险性分类、耐火等级、结构、层数、占地面积、防火间距、安全疏散等方面进行分析、识别。从库房储存物品的火灾危险性分类、耐火等级、结构、层数、占地面积、防火间距、安全疏散等方面进行分析、识别。

（五）生产工艺

（1）对设计是否合理进行考查，尽可能从根本上消除危险和有害因素。

（2）当消除危险和有害因素有困难时，对是否采取了预防性技术措施进行考查。

（3）在无法消除危险或危险难以预防的情况下，对是否采取了减少危险、危害的措施进行考查。

（4）在无法消除、预防、减弱危险的情况下，对是否将人员与危险和有害因素隔离等进行考查。

（5）当操作失误或设备运行一旦达到危险状态时，对是否能通过连锁装置终止危险、危害的发生进行考查。

（6）在易发生故障和危险性较大的地方，对是否设置了醒目的安全色、安全标志和声、光警示装置等进行考查。

（六）主要设备装置

对于工艺设备可从高温、低温、高压、腐蚀、振动、关键部位的备用设备、控制、操作、检修和故障、失误时的紧急异常情况等方面进行识别。对机械设备可从运动零部件和工件、操作条件、检修作业、误运转和误操作等方面进行识别。对电气设备可从触电、断电、火灾、爆炸、误运转和误操作、静电、雷电等方面进行识别。另外，还应注意识别高处作业设备、特殊单体设备（如锅炉房、乙炔气站、氧气站）等的危险和有害因素。

（七）作业环境

注意识别存在各种职业病危害因素的作业部位。

（八）安全管理措施

可以从安全生产管理组织机构、安全生产管理制度、事故应急救援预案、特种作业人员培训、日常安全管理等方面进行识别。

案例分析

2020 年 8 月 3 日 17 时 39 分左右，湖北省仙桃市某公司甲基三丁酮肟基硅烷车间发生爆炸事故，造成 6 人死亡、4 人受伤。发生爆炸的装置未经正规设计，违法私自组织建设开工，在试生产过程中发生事故。

事故发生的原因是：操作工在清理分层塔内积液时，没有彻底将分层塔底部丁酮肟盐酸盐排放至萃取工序，导致大量丁酮肟盐酸盐随上层清液进入产品中和工序，进入 1 号静置槽继续反应，反应热量在静置槽中累积，静置槽没有温度监测及降温措施，丁酮肟盐酸盐发生分解爆炸。

主要事故教训为：操作人员安全风险辨识不到位，对丁酮肟盐酸盐的危险性认识不足，无操作规程。

第三节

安全风险管控要求

一、安全风险分级

安全风险从高到低划分为重大风险、较大风险、一般风险和低风险 4 个等级，分别用红、橙、黄、蓝 4 种颜色标示。

（1）重大风险，可造成重大人员伤亡或者系统、设备严重损坏。

（2）较大风险，可造成人员死亡、重伤或者主要系统、设备损坏。

（3）一般风险，可造成人员伤害或者系统、设备损坏。

（4）低风险，不会造成人员伤亡和设备损坏。

二、安全风险管控要求

依据国务院安全生产委员会办公室《实施遏制重特大事故工作指南构建双重预防机制的意见》（安委办〔2016〕11 号），企业的安全风险管控要求主要包括以下 4 个方面。

（1）全面开展安全风险辨识工作。企业应按照有关制度和规范，针对本企业类型和特点，制订科学的安全风险辨识程序和方法，全面开展安全风险辨识工作。企业要组织专家和全体员工，采取安全绩效奖惩等有效措施，全方位、全过程辨识生产工艺、设备设施、作业环境、人员行为和管理体系等方面存在的安全风险。

（2）科学评定安全风险等级。企业要对辨识出的安全风险进行分类梳理，参照《中华人民共和国国家标准：企业职工伤亡事故分类》（GB 6441—1986），综合考虑起因物、引起事故的诱导性原因、致害物、伤害方式等，确定安全风险类别。对不同类别的安全风险，采用相应的风险评估方法确定安全风险等级。其中，对重大安全风险企业应填写清单、汇总造册，按照职责范围报告属地负有安全生产监督管理职责的部门。要依据安全风险类别和等级建立企业安全风险数据库，绘制企业“红、橙、黄、蓝”四色安全风险空间分布图。

（3）有效管控安全风险。企业要根据风险评估的结果，针对安全风险特点，从组织、制度、技术、应急等方面对安全风险进行有效管控。要通过隔离危险源、采取技术手段、实施个体防护、设置监控设施等措施，达到回避、降低和监测风险的目的。要对安全风险分级、分层、分类、分专业进行管理，逐一落实企业、车间、班组和岗位的管控责任，尤其要强化对重大危险源和存在重大安全风险的生产经营系统、生产区域、岗位的重点管控。企业要高度关注运营状况和危险源变化后的风险状况，动态评估、调整风险等级和管控措施，确保安全风险始终处于受控范围内。

（4）实施安全风险公告警示。企业要建立完善的安全风险公告制度，并加强风险教育和技能培训，确保管理层和每名员工都掌握安全风险的基本情况及防范、应急措施。要在醒目位置和重点区域分别设置安全风险公告栏，制作岗位安全风险告知卡，标明主要安全风险、可能引发事故隐患类别、事故后果、管控措施、应急措施及报告方式等内容。对存在重大安全风险的工作场所和岗位，要设置明显警示标志，并强化危险源监测和预警。

案例分析

2019 年 4 月 15 日，山东济南市历城区某制药有限公司四车间地下室，在冷媒系统管道改造过程中，发生重大着火中毒事故，造成 10 人死亡、12 人受伤，直接经济损失 1867 万元。

事故原因为：公司对动火作业风险辨识不认真，没有落实风险管控措施；不了解冷媒增效剂的主要成分，对其危险特性及存在的安全风险认知不够：在公司四车间地下室管道改造作业过程中，违规动火作业引燃现场堆放的冷媒增效剂，瞬间产生爆燃，放出大量氮氧化物等有毒气体，造成现场施工和监护人员中毒窒息死亡。同时，公司主体责任落实不到位，改造项目管理不严，外包施工队伍管理缺失，施工承包商某公司对施工人员的教育培训不到位，现场施工人员严重违章，事故应急处置能力严重不足。

第六章

生产安全事故隐患的排查与治理

CHAPTER 6

第一节

事故隐患排查

一、事故隐患排查的要求

（1）生产经营单位应当建立健全事故隐患排查治理制度，其主要负责人对本单位事故隐患排查治理工作全面负责。

（2）生产经营单位应当建立健全事故隐患排查治理和建档监控等制度，逐级建立并落实从主要负责人到每个从业人员的隐患排查治理和监控责任制。

（3）生产经营单位应当定期组织安全生产管理人员、工程技术人员和其他相关人员排查本单位的事故隐患。对排查出的事故隐患，应当按照事故隐患的等级进行登记，建立事故隐患信息档案，并按照职责分工实施监控治理。

（4）生产经营单位应当建立事故隐患报告和举报奖励制度，鼓励、发动职工发现和排除事故隐患，鼓励社会公众举报。对发现、排除和举报事故隐患的有功人员，应当给予物质奖励和表彰。

（5）生产经营单位应当及时向安全监管监察部门和有关部门报告重大事故隐患，重大事故隐患报告内容应当包括：隐患的现状及其产生原因、隐患的危害程度和整改难易程度分析、隐患的治理方案。

二、事故隐患排查的方法

隐患排查最常用的方法是利用隐患排查表，逐项对照检查评审。隐患排查表类似于安全检查表，是依据安全生产的有关法律法规、标准，如企业安全生产规章制度、安全操作规程、安全标准等，将要检查的项目用表格的方式罗列出来。隐患排查表的优点是内容全面，可以避免遗漏排查内容，而且重点突出，简明扼要，便于操作。

隐患排查要根据检查的范围和对象的具体情况，确定排查间隔的时间，如月、日、班等。排查表的每项内容、标准、要求都应力求简洁明了，以便于识别判断和填写检查结果，如可以用“是否”“有无”等提问式的语句，对设备的检查表可直接写明其工作参数的允许范围等。

日常隐患排查表如表 6-1 所示。

表 6-1　日常隐患排查表

检查项目	检查内容	是否发现隐患	隐患处理意见
现场安全	是否有没戴安全帽、防护口罩、护目镜、防噪耳塞的现象，是否有吸烟、违反用火规则、车辆超速、物件超高不稳、无关人员在危险区逗留、穿高跟鞋进生产区、撤离岗位、冒险作业、酒后作业的情况，是否有闲杂人员进入车间		
装卸和堆料作业	铲车、叉车司机是否培训合格上岗，是否存在不安全因素强行作业，是否留出安全通道，是否污染周边环境未及时清扫，是否损坏相关		

续表

检查项目	检查内容	是否发现隐患	隐患处理意见
装卸和堆料作业	设施，是否采取了防尘措施，是否及时关闭库门或擅自打开库门，是否爬垛堆料，是否用铲车斗和叉车架载人运行		
电气安全管理	配电室、柜内是否有积尘，是否接线规范、牢靠，各种电源线是否合理保护，有无擅自使用临时电源线情况，有无检修高压不停电、不接地、不跨接地线，是否随意开启电源，电气作业时是否穿绝缘鞋、使用双重绝缘工具，焊接是否该采用易燃、易爆性物体搭接零线		
设备运行	是否设备传动部分防护罩（栏）缺损或未关好就运行，是否非本岗人员擅动设备，是否超限使用设备，是否未开安全装置使用设备，是否擅自拆除设备物件，是否戴手套或有缠绕物在身操作旋转机械		
设备检修	进入机械设备内检修运转部件时是否设置监护人，检修机电设备在配备有开关处是否断电操作，并挂好警示牌。		
危险作业	危险作业是否有人监护，高空作业是否垂直交叉作业，高空作业是否使用了安全带或吊笼		
其他			

第二节

事故隐患治理

一、事故隐患治理的要求

（1）对于一般事故隐患，由生产经营单位（车间、分厂、区队等）负责人或者有关人员立即组织整改。

（2）对于重大事故隐患，由生产经营单位主要负责人组织制订并实施事故隐患治理方案。重大事故隐患治理方案应当包括：治理的目标和任务、采取的方法和措施、经费和物资的落实、负责治理的机构和人员、治理的时限和要求、安全措施和应急预案。

（3）生产经营单位在事故隐患治理过程中，应当采取相应的安全防范措施，防止事故发生。

（4）事故隐患排除前或者排除过程中无法保证安全的，作业人员应当从危险区域内撤出，并疏散可能危及的其他人员，设置警戒标志，暂时停产停业或者停止使用设备；对暂时难以停产或者停止使用的相关生产储存装置、设施、设备，应当加强维护和保养，防止事故发生。

（5）地方人民政府或者安全监管监察部门及有关部门挂牌督办并责令全部或者局部停产停业治理的重大事故隐患治理工作结束后，有条件的生产经营单位应当组织本单位的技术人员和专家对重大事故隐患的治理情况进行评估；其他生产经营单位应当委托具备相应资质的安全评价机构对重大事故隐患的治理情况进行评估。

二、事故隐患治理的程序

（1）下发隐患治理通知书。按照隐患排查和治理制度，对检查出问题和隐患的企业下发隐患治理通知书。隐患治理通知书要按照“定项目、定措施、定负责人、定完成时间、定复查人”的五定原则提出隐患整改的具体要求。

（2）制订隐患治理方案。对重大事故隐患，要进行调研，由企业主要负责人组织制订治理方案，做到责任、措施、资金、时限和预案“五落实”。

（3）实施隐患治理。负责整改隐患的相关部门要本着“四不推”原则（班组不推给车间、车间不推给分厂、分厂不推给总厂、总厂不推给上级主管部门）及时、保质保量地完成隐患治理任务，落实治理措施。

（4）评估隐患治理情况。职能部门要及时复查验收隐患治理情况，对隐患治理的措施落实情况进行评估，以确保满足国家法律法规、标准规范的要求。

案例分析

某建筑公司承建的某面粉厂工地，厂房内有一预留洞口，原有盖板在整修地面时被拆掉，未及时恢复。水泥工冷某在拉载货推车时倒着走，边走边与推车的另一名工人聊天，经过预留洞口时不小心掉了下去，经抢救无效死亡。

事故的直接原因是：现场工人违反劳动纪律，拆掉盖板不复原，留下安全隐患。事故的间接原因是：施工现场管理不严，监督检查不力，安全防护措施有漏洞；培训教育不到位，作业人员安全素质不高，自我保护意识差。事故的主要原因是：工人违章拆除防护设施使预留洞口无防护。

事故的结论与教训：（1）违章拆除防护设施使预留洞口无防护的工人，应负直接和主要责任；（2）现场安全管理人员监督检查不严，使得安全防护措施有漏洞，应负管理责任；（3）按照《中华人民共和国安全生产法》第五条生产经营单位的主要负责人对本单位的安全生产工作全面负责的规定和第二十一条生产经营单位的主要负责人对本单位安全生产工作负有的职责的规定，承建面粉厂施工任务的该建筑公司的主要负责人，应对此次事故的发生负有管理失误的责任。

第七章

班组生产现场的安全管理

CHAPTER 7

第一节

班组定期安全活动

一、班前、班后会

班前、班后会是企业生产班组实施工作任务前后进行的生产组织活动形式，是保证安全生产的有效措施之一。

（一）班前会的主要内容

（1）检查班组成员出勤情况。

（2）检查班组成员仪表着装，穿戴好劳动防护用品。

（3）传达厂、车间和主管部门的工作指令。

（4）安排当班工作。

（5）进行当班工作的危险点分析。

（6）布置安全措施。

（7）交代工作中的安全注意事项。

（8）听取班组成员的问题反映和合理化建议。

（二）班后会的主要内容

（1）总结当班工作任务完成情况。

（2）安排班后及次日工作。

（3）表彰当班优秀员工，批评当班表现欠佳员工。

（4）听取班组成员的问题反映和合理化建议。

（5）做好当班工作记录。

（三）如何开好班前、班后会

（1）制订班前、班后会制度。企业和相关负责人要把召开班前、班后会作为一种制度给予认真落实，从思想上提高安全意识，从行为上进行规范，使员工养成良好的工作习惯。

（2）班前、班后会内容要与工作票、危险点分析控制和标准化作业指导书相结合，具体而不啰唆、有重点而无盲点。

（3）班组长和工作负责人开工前要勘查现场，明确工作任务、作业范围和施工方法，为准确根据作业类型、方法、人员、工器具和环境等实际制订危险点预控措施打下基础。

（4）班前会内容要翔实、针对性强，切忌笼统。班组长应指明工作现场危险部位、工器具使用等危险点以及采取的具体措施，譬如，高空作业不戴安全帽、不正确使用安全带的危害等，都要有针对性地讲明和警示。

（5）重点做好人员分工。召开班前会时，班组长应将工作任务和安全责任分配并落实到每个工作人员身上，对不同工作分别进行技术交底。特别是班组不同地点的工作，应在班前会上指定合格专责工作负责人（监护人）并交代其所履行的责任。

（6）班后会要认真进行总结。首先总结工作任务完成情况，主要指工作任务是否按计划完成，需要处理的缺陷是否已处理彻底，同时对设备安全运行进行正确评估；其次总结工作过程，对能正确使用工器具、能履行职责并及时纠正违章行为、能遵守劳动纪律、及时发现设备隐患等的负责人或班组员工，及时提出表扬并向领导提出奖励的建议；最后要正视不足，对于工作中出现违章行为、工作怠慢、组织失误和责任心不强等现象的员工，要及时提出批评，必要时还要提出处罚的建议。同时，对于存在的不足，要举一反三，制订有效整改措施并限期落实，以提醒工作班组成员避免以后工作中发生同类情况。

二、班组安全日活动

安全日活动是班组活动的一项长期内容，是班组开展安全分析的基本形式，它不仅是职工学习有关安全生产各类文件、加强法制观念、提高自我保护意识的好形式，也是班组成员相互交流安全工作经验的好机会。班组应每周开展一次安全日活动，时间一般为半个小时，安排在周一或者周五。

（一）班组安全日活动的内容

（1）学习上级和本单位的安全文件、事故快报、安全简报，联系班组实际情况，提出防范措施。

（2）学习本单位的安全规章制度，检查有无违章现象、违章行为。

（3）本周安全状况分析、讲评、总结以及对下周安全工作的安排和要求。

（4）每个月对年度安全目标的执行情况进行对照检查，提出存在的问题和改进要求，开展月度安全分析评价、事故预想、安全技术知识考核等。

（5）班组管辖的工器具的试验及设备检查后的分析和研究。

（6）班组安全工作台账的检查整理等。

（二）班组安全日活动的要求

（1）对上级布置和指定的学习内容，必须认真、完全、彻底落实，不能缺失。

（2）全部班组成员必须参加，并认真做好活动记录（记录应包括：活动内容及参加人员）。如有缺席应记录在案（注明缺席的原因），缺席人员应及时补课。

（3）安全日活动内容要准备充分、联系实际、形式多样、讲究实效，切忌流于形式。每次活动内容均应有所侧重、成员学习后有所收获。

（4）班组长、安全员在安全活动日前要做好充分准备。

（5）班组成员在活动中应态度端正，积极发言，并针对存在的问题提出意见和建议。

（三）如何组织好班组安全日活动

（1）完善管理制度。制订符合班组自身特点的活动规定，从活动的原则、时间、内容、记录及检查考核等方面对安全日活动作出明确规定，使班组安全日活动达到经常化、制度化、规范化的要求。同时，从活动的组织管理、活动计划及活动的实施情况等方面，制订操作性强的检查考核办法，切实把安全日活动落到实处。

（2）提高活动效力。首先，班组每一名成员都应抱着“学安全、懂安全、会安全”的态度，积极参与安全日活动，集思广益，不断拓展班组安全日活动的思路。其次，要尽量从解决本岗位的问题出发，按“小、实、活、新”的要求安排活动内容，即活动内容不必求大，只要能解决生产实际中的一个小问题，就达到目的了。最后，班组安全日活动要与合理化建议、技术创新相结合，与班组安全文化建设相结合。

（3）创新活动内容、活动形式。在开展班组安全日活动过程中要以丰富新颖的活动内容、灵活多样的活动形式来吸引班组成员主动参与。避免班组成员因产生厌倦抵触情绪而使班组安全日活动走过场。在活动形式上，可根据工作性质和岗位生产特点，从提高班组成员安全意识和实际操作技能入手，因人、因时、因地制宜地组织开展形式多样、内容丰富的班组安全日活动，分散活动与集中活动相结合、学习和讨论相结合、知识学习和实际技能训练相结合。

（4）加强检查考核。抓好班组安全日活动，只靠一般性的检查是起不到根本作用的。只有把班组安全日活动纳入各种考核之中，建立完善的检查、考核和激励机制，才能取得良好的效果。

三、班组安全技能比赛

安全技能比赛也称安全技能竞赛、安全技能比武等，可以强化员工安全意识，学习安全知识，提高安全素质，使其熟练掌握安全技能，营造“人人讲安全、处处有安全、事事保安全”的良好氛围。班组安全技能比赛的内容很多，主要包括以下 4 个方面。

（1）机械安全技能比赛：内容包括车床加工操作安全能力，机械安全防护，机械安全监测、监控，应急处置等。

（2）电气安全技能比赛：内容包括填写操作票、执行倒闸操作、布置安全措施、办理工作票、安全技术交底等。

（3）消防安全技能比赛：内容包括火灾报警，使用灭火器，消防水带连接、回收，模拟火灾扑救，佩戴呼吸防护用品等。

（4）自救互救技能比赛：内容包括防火、防爆方法，防毒面具的使用等自我防护能力，人工呼吸、心脏按压等急救方法，疏散、避难能力等。

案例分析

辽宁某供电公司通过开展“每周一案例”创新班组安全日活动，安全工作取得显著效果。公司安全监察质量部向基层班组征集每周安全日活动学习思路，一线员工普遍反映对事故案例学习颇感兴趣，并收集上报了很多发生在各专业现场的案例素材。公司安监部门将上报的案例资料进行整理、汇总和编制，并根据班组从事专业的不同有针对性地下发，例如，输电专业班组学习“登塔作业触电后高空坠落死亡事故”典型案例，配电专业班组学习“配电倒杆造成死亡事故”典型案例等。

“每周一案例”从今年年初开始在基层班组的安全日活动中尝试开展，案例中事故发生的场景都是与生产人员息息相关的日常接触的工作环境，更能引起大家的共鸣与触动。试行以来，公司通过对基层班组的三次抽考和实地检查，发现各单位生产人员对事故案例的学习热情很高，一线员工在案例分析中更易掌握安全规程，方便其理解法规制度，有效避免事故的发生，达到了预期效果。

公司创新班组安全日形式，常态化开展“每周一案例”活动，进一步丰富安全文化内涵，真正将安全意识深埋于员工思想中。

第二节

岗位安全规范

一、人的不安全行为

一般来说，凡是能够或可能导致事故发生的人为失误均属于不安全行为。《中华人民共和国国家标准：企业职工伤亡事故分类》（GB 6441−86）中规定的不安全行为包括以下 13 大类。

（1）未经许可，开动、关停、移动机器；开动、关停机器时未给信号；开关未锁紧；忘记关闭设备；忽视警告标志、警告信号；操作错误（指按钮、阀门、扳手、把柄等的操作）；奔跑作业；供料或送料速度过快；机械超速运转；违章驾驶机动车；酒后作业；客货混载；冲压机作业时，手伸进冲压模；工件紧固不牢；用压缩空气吹铁屑。

（2）安全装置被拆除、堵塞，造成安全装置失效。

（3）临时使用不牢固的设施或无安全装置的设备等。

（4）用手代替手动工具，用手清除切屑，不用夹具固定，用手拿工件进行机加工。

（5）成品、半成品、材料、工具、切屑和生产用品等存放不当。

（6）冒险进入危险场所。

（7）攀、坐不安全位置。

（8）在起吊物下作业、停留。

（9）机器运转时从事加油、修理、检查、调整、焊接、清扫等工作。

（10）分散注意力的行为。

（11）在必须使用个人防护用品用具的作业或场合中，忽视其使用。

（12）在有旋转零部件的设备旁穿肥大服装作业；戴手套操纵带有旋转零部件的设备。

（13）对易燃易爆等危险物品处理错误。

案例分析

2012年12月3日，淄博某化工厂在3米高的管线桥架上方新铺设的一根物料管道需要做保温。当天上午，设备科接到通知后遂派设备科科员王某与张某为物料管道做保温处理。两人一看管道不长，商量不用系安全带和找安全部办理高处作业票证了，一会儿就能干完下来了，安全部也不会知道。遂找来梯子，直接爬到管架上方进行作业，当两人作业到管道中间时，因天气较冷，管道上方有一层薄冰，王某在移动过程中不慎滑倒，慌乱中王某求生本能去抓张某，由于两人均未系安全带，导致两人先后从3米高的桥架跌落，王某因头部着地，当场死亡，张某虽没有生命危险但身体多处骨折。

这是一起由于贪图方便，抱有侥幸心理未办理高处作业票证，不系安全带作业造成的安全事故。冬季气温较低，管道上方容易结冰变滑，员工身穿衣物厚重，身体协调能力变弱。未按规定办理高处作业票证，高处作业未系安全带是造成本次事故的主要原因。

二、安全心理

根据事故案例分析，影响职工安全生产最常见的不安全心理状态主要有以下 6 种。

（1）自我表现心理——虽然我进厂时间短，但我年轻、聪明，干这活儿不在话下。

（2）经验心理——多少年一直是这样干的，干了多少遍了，能有什么问题。

（3）侥幸心理——完全按照操作规程做太麻烦了，变通一下也不一定会出事吧。

（4）从众心理——他们都没戴安全帽，我也不戴了。

（5）逆反心理——凭什么听班组长的呀，今儿我就这么干，我就不信会出事。

（6）反常心理——早上孩子肚子疼，自己去了医院，也不知道是什么病，真担心。

案例分析

2016 年 8 月，某公司锅炉停炉 6 天后，在没有进行气体分析的情况下，锅炉维修工便进入锅炉对其进行维修，结果间断工作 30 分钟后，1 名维修工感觉不适，遂向外走，刚走出锅炉，他就全身冒汗，双手痉挛，遂被送进医院，由于抢救比较及时，最终保住了生命。

该事故的原因是：锅炉停炉后，煤粉仓剩余的煤粉发生了自燃，由于燃烧不完全产生了一定浓度的一氧化碳，维修工进入设备时没有进行气体分析，导致了一氧化碳中毒事故的发生。

这起事故的发生与操作者存在经验心理有直接的关系。因为以前都是在停炉几天后，再进行维修，维修工在进入锅炉前从来没有进行过气体分析，也没有发生事故，因此这是一起习惯性违章事故。

三、员工安全生产行为规范

（一）上班要求

（1）树立安全生产思想，工作前要保证足够的休息和睡眠，严禁饮酒，按规定佩戴好劳动保护用品，方可进入岗位操作。

（2）从迈出家门或宿舍的第一步起就应时刻不忘“安全第一”，路途中每经过一个路口都要“一停、二看、三通过”“宁停三分，不抢一秒”。

（3）在雨雪天气要做好思想准备，带足防备工具。路上行走或骑车一定要小心谨慎，要遵守交通规则，防止意外事故发生。

（4）保持能够提前 5~10 分钟到达单位接班室或会议室。

（5）要根据自己的身体、家庭生活情况做好上班和休息安排计划，不准在上班前喝酒、打麻将式过度劳累，做到生活工作有规律。

（二）作业规范

（1）员工工作前认真检查安全设施是否齐全、牢固并且正常运转，确认无误后方可作业。

（2）员工工作中要检查好岗位所使用的一切工具、设备、防尘设施是否处于良好状态，发现问题及时处理。

（3）要人人爱护一切安全设施、警惕标志和机件设备上的一切防护保险装置、防护措施、信号装置，不得任意拆除。如因检修拆毁，工作完后要立即修复。

（4）在距坠落高度基准面 2 米以上（含 2 米）的高处作业时，员工应佩戴安全带或设置安全网、护栏等防护措施，不准穿破底鞋。高处作业时，禁止抛掷物件，不应上下垂直方向双层作业。

（5）员工禁止在厂房屋顶部、窗台、墙根、掌子面等危险处所休息或乘凉。

（6）凡与工作无关的人员，不准乱动机电仪器设备和各种阀门。

（7）在电气设备发生故障时，岗位工不准自行处理，应及时通知电气值班人员处理。

（8）员工不准随意拆除或挪用各种安全防护装置，如照明、信号、监测仪表、警戒标记、防雷装置等。

（9）变压站、配电室、空压机房、锅炉房、油泵房等存放要害设施的区域，非岗位人员未经批准严禁入内。

（10）应按消防规范设置各种消防器材、工具，员工不准随意动用，安放地点周围不得堆放其他物品。

（11）应保证使用的手持式电动工具绝缘完好，防护设施齐全。

（12）员工进行动火、高处、进入受限空间等危险作业前一定要办理作业票证，并按规定落实好安全措施后才可进行。

（13）设备在运转中，禁止员工检修和擦洗机器与转动部位。对有绞人危险的部位，不准加油、清理，不准脚踩或跨越皮带。

（14）生产运行中，不准人体进入料仓、机壳、烟道及各种管道内部，停机检修进入时，必须设专人监护。

（15）危险作业岗位，在其周围应有明显标志，或用绳子围栏隔离。预知有危险时，必须告诉全体人员注意。

（16）向高处吊运物件时，人员不准站在吊物下，以免被砸伤，也不准站在吊物上，以免摔伤。

（17）员工上下天车时必须按规定走平台，没有平台的应确定上下天车位置和上下天车方式；上下天车的平台应设置安全门，上下天车要按规定方式联系。

（18）作业时必须使用本作业所用工器具，严禁代用、换用工器具，不准用手和非工具代替工具作业。

（19）员工开（关）各类管道阀门时，必须戴好防护手套，侧身、缓慢开（关），严禁正对阀门。

（20）重新启动或操作设备时，各岗位操作工必须进行警示并安全确认，避免发生意外伤害。

（21）生产时必须关闭卷帘门和防护网，操作人员要站在安全区域；非工作需要，严禁在射线辐射区长时间停留。

（22）检查产品质量或进入设备内部时，必须确认安全销插到位，其他人员严禁进行任何操作。

（三）作业现场交接班规范

（1）各跟班干部、班组长要严格执行交接班制度。

（2）接班人员要先进入作业地点，检查了解情况，然后向接班室打电话，将作业现场情况详细汇报清楚。

（3）接班人员接班时，要认真仔细询问上一班生产情况、安全情况及遗留问题，对作业现场的环境做到心中有数。

（4）接班人员将存在的问题落实清责任，履行完交接班手续，方可开始当班作业。

四、人的不安全行为的控制

（一）自我控制

自我控制是个人对自身心理与行为的主动掌握，是指在认识到人的异常意识具有产生异常行为，导致人为事故的规律之后，为了保证自身在生产实践中的安全自行改变异常行为，控制事故的发生。自我控制是行为控制的基础，是预防、控制人为事故的关键。加强自我控制应从以下 4 个方面入手。

（1）劳动者在从事生产实践活动之前或生产之中，当发现自己有产生异常行为的因素存在时，能及时认识和加以改变，或终止异常的生产活动。

（2）劳动者发现生产环境、工具设备异常时，或领会到因违章指挥有产生异常行为的外因时，能及时采取措施，改变物的异常状态，阻止违章指挥。

（3）当劳动者在作业过程中出现不满、愤怒的情绪时，要用意识控制自己，提醒自己应当保持理性，注意作业场所的危险性。

（4）劳动者在从事危险作业时，可以通过语言来提醒自己注意作业的步骤，避免危险性的出现。例如，电工在进行维修作业时，可以大声把作业步骤说出，从而提醒自己注意用电作业的危险性。

（二）跟踪控制

跟踪控制是指运用事故预测法，对已知具有产生异常行为因素的人员，做好行为控制工作。对已知违反安全作业规定的人员指定专人负责做好行为控制，防止其异常行为的产生导致事故发生。可通过心理教育等方式对违反安全作业规定的人员进行教导，指出其不安全行为造成的后果，使其不良行为得到及时纠正。

（三）安全监护

安全监护是指对从事危险性较大活动的人员，指定专门监护人对其行为进行安全提醒和安全监督。

监护人应具备下列条件：监护人的安全技术等级应高于操作人，具有丰富的实际工作经验并熟悉现场及设备情况。监护人一般由工作负责人担任，同一工作区不同地点的监护人可由工作负责人指派。监护人进行的主要工作有以下8个方面。

（1）监护人员检查作业人员个人防护用品穿戴情况，不符合劳保着装要求的施工人员不得进入现场。

（2）监护人员检查工器具，不符合安全规范的器具不得带入现场进行施工。

（3）监护人员监护所有工作人员的工器具使用是否正确、工作位置是否安全、操作方法是否正确等。

（4）监护人监护过程中不得离岗，因故离开工作现场时，必须另指派了解有关安全措施的人员接替监护并告知工作人员，使监护工作不致间断。

（5）监护人员注意观察作业现场的异常现象，随时提醒作业人员危险情况。

（6）监护人发现工作人员采用不正确的动作或违反规程的做法时，应及时提出纠正，必要时可令其停止工作，并立即向上级报告。

（7）监护人应自始至终不间断地进行监护，在执行监护时，除非有特殊情况，否则不应兼做其他工作。

（8）监护人发现紧急情况时，应及时制止作业，通知作业人员离开作业现场。如果需要外部救援，监护人应立即呼救或报警。

案例分析

哈尔滨市某大厦外装饰为玻璃幕墙和挂石材幕墙，幕墙高度为148米，由某集团分包给某铝门窗公司，某铝门窗公司承包后又雇用某县建筑队（个体）进行施工。施工期间，4名作业人员搬运4块花岗岩石板（每块重60千克）进入吊篮内，准备从16层向下运送到8层与9层之间的作业位置，当吊篮下降到11层与12层之间时，吊篮右侧钢丝绳突然断开，吊篮随即倾斜，而4人进入吊篮时又没有及时将安全带扣挂牢，于是4人及物料全部坠落，其中1人坠落在5层的脚手架上（致重伤），1人坠落在5层平台上，2人坠落到地面，事故共造成3人死亡，1人重伤。

导致事故发生的技术方面的原因有吊篮的导向轮设计不合理、安全锁失灵、吊篮内作业人员未按规定扣牢安全带。进入吊篮内作业人员必须将安全带扣牢在安全绳上，当发生意外事故时，安全绳不会断开，从而可以保障作业人员的安全。而该吊篮内的作业人员虽然都佩戴了安全带，但却未按规定扣牢在安全绳上，因此，当工作绳受力断开，吊篮倾斜时，作业人员坠落造成伤亡事故。导致事故发生的管理方面的原因有厂家生产销售此类涉及人身安全的产品时未经鉴定，在售后使用中未进行不断检查分析，以发现不足进行改进；施工单位放弃了对吊篮的检查管理责任，完全听厂家指挥；某铝门窗公司雇用个体建筑队工人进行高处作业，未对其进行培训教育，未建立检查管理制度；哈尔滨市某集团违法将装饰工程分别包给 8 个装饰公司。

第三节

班组生产现场安全管理方法

一、PDCA 管理

PDCA 是指计划（Plan）、实施（Do）、检查（Check）、处理（Action）这 4 个管理阶段。这 4 个管理阶段构成一个循环，称之为 PDCA 循环，也叫管理环。PDCA 循环在实施过程中发现新的问题则通过第二次、第三次循环不断进行，这样每次循环都可以将质量管理活动向前推进一步。

就班组管理来说，PDCA 循环可以简述为：P——确定班组方针、工作目标及活动计划；D——执行计划中确定的目标和任务；C——检查执行结果，查看执行的效果，并发现执行过程中存在的问题；A——处理检查结果，对确有成效的经验在全班组中予以推广和标准化，对无效的执行总结教训，避免下次再犯。此外，将未解决的问题放入下一个循环继续解决。

班组实行 PDCA 循环可以按照以下 8 个步骤来做。

（1）对班组生产和管理现状进行分析，找出每个生产环节存在的问题。

（2）通过因果图找出影响因素并对其进行分析。

（3）找出问题产生的主要因素，即问题的主因。

（4）班组长组织班组成员集体攻关，对每个主因针对性地制订整改措施，并且回答下面的问题：为什么要制订整改措施？该措施需要达到的目标是什么？具体在班组的哪一个环节上执行该项措施？哪位班组成员负责完成？需要在什么时间完成？完成的具体方法是什么？

（5）在班组生产过程及管理中实施整改计划，落实第（4）步。

（6）班组长组织技术精湛的班组成员对上一步的执行结果进行检查评估。

（7）班组长召开班组会议，对检查结果进行总结，将成功经验提炼成工作标准，在班组中推广执行，同时寻找某方面计划在执行过程中失败的原因。班组长根据检查结果，对目前的工作规程、相关制度等进行修订和完善，使其能更好地指导班组生产活动。

（8）将上一步没有解决的问题放入下一个循环。

通过上面 8 个步骤，班组生产和管理在每次 PDCA 循环后都会有新的收获，班组的综合管理水平和产品质量会在 PDCA 循环中不断提升。

二、“五自”管理

“五自”管理是指职工自律、班组自理、车间自治、科室自控、厂级自主，其特点是：分级管理、自下而上、自上而下、同级协同、纵向闭合、横向耦合。

（1）职工自律：构造全员参与的安全管理体系，全面实现职工无“三违”，身边无隐患、无事故。

（2）班组自理：推行班组自主管理，确保班组成员自觉做到不伤害自己、不伤害他人、不被他人伤害、保护他人不受伤害。

（3）车间自治：激活车间管理潜能，调动班组车间安全管理的主观能动性和创造性，实现自我教育、自我管理、自我约束、自我规范。

（4）科室自控：建立专业科室技术管理办法，掌握专业安全监控重点，提升专业板块的安全管理水平，以专业安全保证全厂安全目标的实现。

（5）厂级自主：落实全厂安全主体管理责任，确保各专业、各系统、各环节精细化安全规范运行，最终实现全厂安全高效、科学发展。

三、“6S”管理

“6S”即整理、整顿、清扫、清洁、素养、安全，因前 5 个内容的日文罗马标注发音和后一项内容（安全）的英文单词都以“S”开头，所以简称“6S”，如图 7-1 所示。

（1）整理（seiri）——将工作现场的所有物品区分为有用品和无用品，有用品留下来，无用品都清理掉。

目的：腾出空间，空间活用，防止误用，保持清爽的工作环境。

图 7–1 “6S”含义

（2）整顿（seiton）——把留下来的必要物品依规定位置摆放，并放置整齐加以标识。

目的：使工作场所一目了然，减少寻找物品的时间，创造整齐的工作环境，消除过多的积压物品。

（3）清扫（seisou）——将工作场所内看得见与看不见的地方清扫干净，保持工作场所干净、亮丽，创造良好的工作环境。

目的：稳定品质，减少工业伤害。

（4）清洁（seiketsu）——将整理、整顿、清扫进行到底，并且制度化，经常保持环境处在整洁美观的状态。

目的：创造明朗现场，维持上述“3S”推行成果。

（5）素养（shitsuke）——每位成员养成良好的习惯，并遵守规则做事，培养积极主动的态度（也称习惯性）。

目的：促进良好行为习惯的形成，培养遵守规则的员工，发扬团队精神。

（6）安全（safety）——重视成员安全教育，使其每时每刻都有安全第一的观念，防患于未然。

目的：建立及维护安全生产的环境，开展工作应建立在安全的前提下。

“6S”之间彼此关联，整理、整顿、清扫是具体内容；清洁是指将“3S”实施的做法制度化、规范化，并贯彻执行及维持结果；素养是指培养每位员工养成良好的习惯，并遵守规则做事，开展“6S”容易，但长时间维持必须靠员工素养的提升，素养是“6S”活动的核心；安全是基础，工作中要尊重生命，杜绝违章。

四、定置管理

定置管理是企业在生产过程中研究人、物、场所三者关系的一种科学的管理方法。它通过对生产现场进行分析和作业动作研究，科学放置现场物品，达到使现场中人、物、场所规范化、程序化、高效化的目的。定置管理示例图如图 7–2、图 7–3 所示。

（一）定置管理的基本要求

（1）划清定置管理范围，实行定置管理责任制。

（2）物品摆放优化定位。

（3）与生产（工作）无关的物品一律不得摆放在生产（工作）场所。

（4）制订生产现场和室内物品摆放的平面布置图。

（5）物品要有完整规范的标签或标志。

（二）定置管理的种类

（1）生产现场的定置管理。

（2）设备检修的定置管理。

（3）工作间的定置管理。

（4）仓库（包括班组的工具、材料间）的定置管理。

（5）工具柜（架）、仪器柜、资料柜和更衣柜的定置管理。

（6）办公室的定置管理。

（7）特别定置管理：如对易燃、易爆、放射性、剧毒、有异味、挥发性强的物品的管理，对安全防护用品用具的管理，对保密文件和资料的管理，等等。

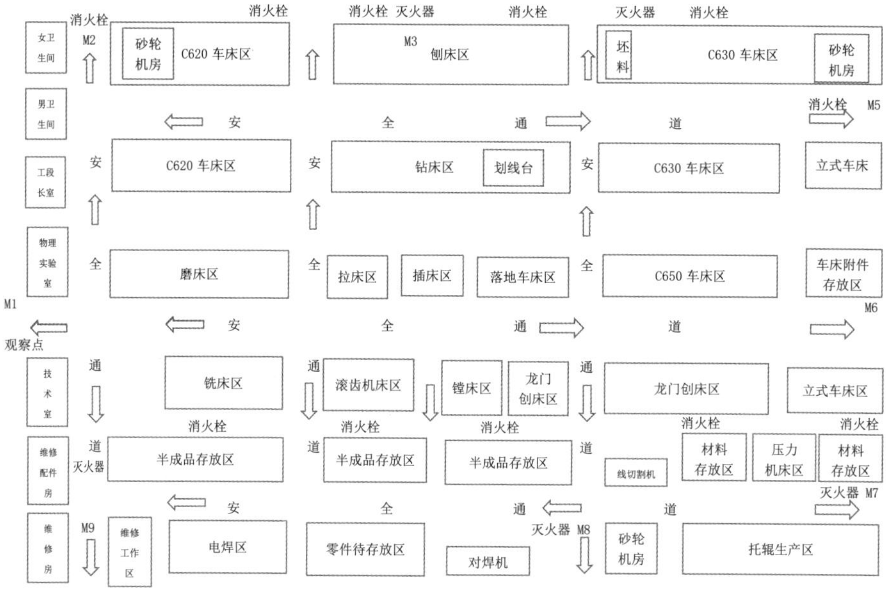

图 7–2　车间定置管理图

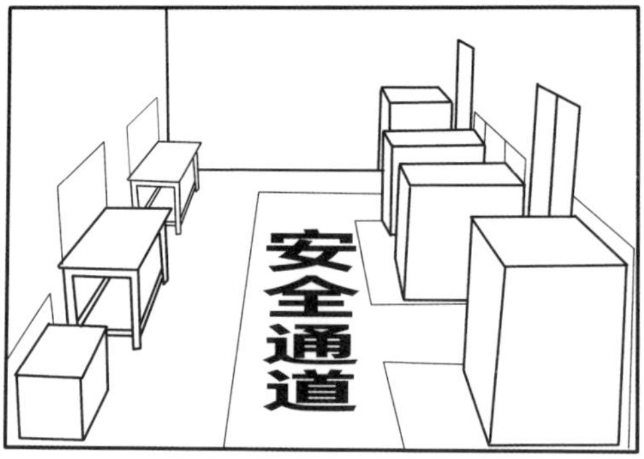

图 7–3　组装间定置管理图

五、目视化管理

（一）目视化管理的定义和特点

目视化管理也可称为看得见的管理，或一目了然的管理。目视化管理就是通过安全色、标签、标牌等方式，明确人员的资质和身份、工器具和设备设施的使用状态，以及生产作业区域的危险状态的一种现场安全管理方法。

目视化管理具有视觉化、透明化和界限化的特点，可以贯穿于各种管理领域当中。目视化管理是利用形象直观且色彩适宜的各种视觉感知信息，来组织现场生产活动，达到提高劳动生产率的一种管理手段，也是一种利用视觉来进行管理的科学方法。

（二）目视化管理的种类

作业现场目视化管理包括以下 4 种。

（1）人员目视化管理，采用人员标识牌。

（2）工器具目视化管理，如图 7–4 所示。

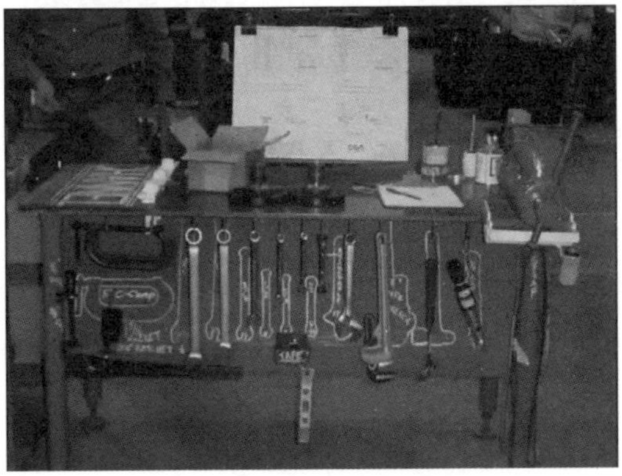

图 7–4　工器具目视化管理

（3）设备设施目视化管理，采用文字、箭头等符号标明设备设施的安全状态、操作要求等。

（4）生产作业区域目视化管理。

案例分析

2018年5月10日上午，某厂检修人员检修水源地升压泵。工作许可人将泵停止运行，在做停电措施时，因380V手车式开关操作机卡住，开关未拉至“检修”位，仍在“运行”位。工作许可人与工作负责人现场确认后，经商定，挂上“禁止合闸，有人工作”标示牌，开始检修工作。

在检修过程中，运行班组长巡视开关室，发现该升压泵开关仍在“运行”位，擅自取下标示牌，试图拉开关至“检修”位。在拉开关时按动了“合闸”按钮，开关合闸，已解体的升压泵启动，1名检修人员躲闪不及，造成重伤事故。

事故原因及暴露的问题有：

（1）作业现场没有严格执行定置管理和目视化管理要求，未按工作票要求将开关拉至“检修”位，开关仍在“运行”位便准许工作。

（2）工作负责人严重违章，明知开关仍在“运行”位，也未做防止泵体突然转动措施，同意开工，对工作班组成员不负责任。

（3）运行班组长严重违章，未履行操作票手续，擅自进行电气操作。

第八章

班组作业环境安全

CHAPTER 8

第一节

作业环境安全要求

作业环境是指劳动者从事生产劳动的场所内各种构成要素的总和，包括设备，工具，物料的布局、放置，物流通道的流向，作业人员的操作空间范围，事故疏散通道，出口及泄险区域，安全标志，职业卫生状况及噪声、温度、放射性和空气质量等要素。作业环境安全是指作业环境整洁有序、无毒无害，能保障安全生产高效、有序地开展。

一、噪声

凡是妨碍人们正常休息、学习和工作的声音，使人烦躁、厌恶的声音，以及对人们要听到的声音产生干扰的声音均可称为噪声。引起噪声的声源很多，工业生产作业环境中的噪声主要有空气动力性噪声、机械性噪声、电磁性噪声3 种。

噪声对人体可能会造成多种负面影响，它不仅可能造成人体听觉损伤，同时还可能分散人们的注意力，妨碍人们的正常思考，使作业人员心情烦躁、效率低下、容易疲劳，甚至诱发事故。所以，在作业环境中必须要合理地控制噪声。控制噪声的方式主要有源头控制、传播途径控制和作业人员个体防护3种。

原中华人民共和国国家卫生和计划生育委员会、中华人民共和国人力资源和社会保障部、原国家安全生产监督管理总局、中华全国总工会联合印发的《职业病危害因素分类目录》中已将作业环境中的噪声危害划定为职业危害，《工作场所职业病危害作业分级第4部分：噪声》（GBZ/T 229.4）中将作业环境中的噪声危害分为轻度危害、中度危害、重度危害、极重危害4个级别。《工作场所有害因素职业接触限值第2部分：物理因素》（GBZ 2.2）中以每周工作5天，每天工作8小时的稳态接触噪声作业环境为例，噪声的作业环境接触限值为85分贝，在非稳态接触噪声的作业环境中，噪声的非稳态等效接触限值为85分贝。

二、温度

人体的体温常年维持在一个恒定的范围内（36~37摄氏度），这个范围是维持人体正常生理需求最合适的温度，如果由于外界环境的改变，导致人体的体温不能够及时地恢复正常，就有可能引起人体的不适，从而降低工作效率、增加疲劳感进而引起事故的发生。《职业病危害因素分类目录》中将高温、低温划归为职业病危害因素。

由环境温度因素引起的危害主要有2种：高温作业和低温作业。《高温作业分级》（GB/T 4200）中将高温作业定义为在生产劳动过程中，其工作地点平均气温等于或大于25摄氏度的作业；《低温作业分级》（GB/T 14440）中将低温作业定义为在生产劳动过程中，其工作地点平均气温等于或低于5摄氏度的作业。

为了预防作业环境温度因素对作业人员带来的不良影响，涉及环境温度危害的作业应采取必要的防护手段来保障作业人员的健康。对于某些高温作业，如金属冶炼、烧结、热塑、矿石干燥、饲料制粒和蒸煮等，应采取加强通风及合理规划作业人员的作业时间等手段进行防护，同时厂房应参照《工业企业设计卫生标准》（GBZ 1）中的要求进行合理布局，保障厂房的散热效果；对于某些低温作业，如潜水员水下工作、现代化工厂的低温车间以及寒冷气候下的野外作业，应采取加强保暖并合理规划作业人员的作业时间等手段进行防护。

三、湿度

湿度是表示大气干燥程度的物理量，作业环境的湿度不但能够影响环境的舒适程度，而且与作业人员的身体健康、工作效率息息相关。工作人员长时间在环境湿度较大的地方工作容易患职业性浸渍、糜烂、湿痹症等疾病；在环境湿度过小的地方工作时，又有可能由于水分蒸发加快，造成皮肤干燥、鼻腔黏膜刺激等不良症状，从而诱发呼吸系统病症。如纺织业煮茧、腌制业腌咸菜、家禽屠宰分割、稻田的拔秧插秧等作业均属于高湿作业。

四、空气质量

空气作为人类生存所必需的条件在人们生产作业过程中扮演着极其重要的角色，作业环境中的粉尘、有毒有害气体不仅能够严重影响作业人员的身体健康，造成职业损伤，并且还能够影响作业人员的工作效率，如熏蒸、纺织、采煤、金属冶炼等作业均涉及有毒有害气体或粉尘的危害。《职业病危害因素分类目录》中将各类粉尘、氨气及多种有毒有害物质的蒸气均划为职业病危害因素。

改善作业环境质量的控制措施主要包括控制污染源头、加强环境通风和增强个体防护 3 类。控制污染源头主要是通过改进工艺技术等方式，使用不产生或产生污染物较少的生产工艺来控制污染物的源头，从而从根本上降低作业环境中污染物的浓度；加强环境通风是通过主动地将作业环境中污染物质排除的方式，降低污染物浓度的方法；增强个体防护主要是通过佩戴防毒面具、口罩等防护装备，来被动地防护有毒有害物质。

五、光照条件

作业现场的采光情况是布设作业现场时需要考虑的一项重要因素，良好的光照不仅能够使作业环境更加舒适，还能够提高工作效率，减少工作人员的疲劳感，从而减少由于疲劳和心理原因造成的事故。

劳动者作业所需的光源有 2 种：天然光（阳光）与人工光。利用天然光照明的技术叫采光，利用电光源等人工光源弥补作业时天然光不足的技术叫照明。对于人眼，采光的效果优于照明。但一般作业中，往往是采光与照明混合或交替使用，构成劳动者作业的光环境。

为了充分利用天然光创造良好光环境并节约能源，避免眩光等不良光照带来的负面影响，达到作业环境舒适、自然、安全和高效的目的，国家制定了一系列的标准对相关领域内的光照条件作了相关的要求。例如，《建筑采光设计标准》（GB 50033）对利用天然采光的居住、公共和工业建筑新建、改建和扩建工程的采光设计要求作了规定，《建筑照明设计标准》（GB 50034）对工业企业中新建、改建和扩建工程的照明设计要求作了规定。

案例分析 1

某日，福建某造纸厂制浆车间，操作工刘某在水力碎浆机浆满、输送机停机的情况下，将右手伸入输送带滚筒剥拨废纸，处理废纸阻塞问题，并向另一名工人叫喊“不要开机”。因车间噪声大，该工人听不清，误认为是叫“开机”，结果刘某右手臂轧入输送带滚筒内，右手臂折断，造成重伤。

案例分析 2

某年 7 月 31 日下午 17 时许，刘某在江西省鹰瑞高速公路某服务区施工过程中突感头晕，随后被就近送至村卫生所治疗。经测量体温为 40℃，属重度中暑，虽经急救，但在 120 急救车运送途中，刘某因重度中暑热衰竭死亡。

该事故的原因是刘某在室外从事高温作业，因缺乏有效的防护措施导致重度中暑，引发脑水肿等症状而死亡。

第二节

安全信息的使用

安全信息由文字、标记、信号、符号或图表等组成，以单独或联合使用的形式向使用者传递信息，指导使用者安全、合理、正确地使用机器，警示风险和可能需要应对的危险事件，也可以对不按规定要求操作而产生的潜在风险进行警告。安全信息的类别有：标志（象形图）、符号、安全色、文字警告、信号和警告装置、操作手册、说明书等。

一、安全信息的使用原则

（一）根据风险的大小和危险的性质

可依次采用安全色、安全标志、警告信号以及警报器。标志（象形图）、符号和文字信息应容易理解和明确无误，文字信息应采用使用机器国家的语言。在使用上，图形符号和安全标志应优先于文字信息。

（二）根据需要信息的时间

提示操作要求的信息应采用简洁的形式，长期固定在所需使用的机器附近；显示状态的信息应尽量与工序顺序一致，与机器运行同步出现；警告超载的信息应在负载接近额定值时，提前发出警告信息；提示危险紧急状态的信息应即时发出，持续的时间应与危险存在的时间一致，持续到操作者干预为止或信号的消失应随危险状态解除而定。

（三）根据机器结构和操作的复杂程度

对于简单机器，一般只需提供有关标志和使用操作说明书；对于结构复杂的机器，特别是具有一定危险性的大型设备，除了各种安全标志和使用说明书（或操作手册）外，还应配备有关负载安全的图表、运行状态信号，必要时提供报警装置等。

（四）根据信息内容和对人视觉的作用采用不同的安全色

为使人们对周围存在不安全因素的环境、设备引起注意和警惕，提示需要涂以醒目的安全色。需要强调的是，安全色的使用不能取代防范事故的其他安全措施。

（五）满足安全人机学的原则

安全信息的采用方式和使用方法应与操作人员或暴露人员的能力相符合。应尽可能使用视觉信号；在可能导致人的感觉出现偏差的场所，如盲区、色盲区、耳聋区或由于使用个人保护装备而导致出现盲区的地方，应配备可以感知有关安全信息的其他信号（触摸、振动等信号）。

二、安全色

安全色和安全标志设置在工作场所和特定区域，使人们能够迅速注意到影响安全和健康的对象和场所，并使特定信息得到迅速理解。主要用于预防事故、防止火灾、传递危险情况信息和紧急疏散等。

安全色是被赋予安全意义且具有特殊属性的颜色，包括红、黄、绿、蓝 4 种。安全色的颜色含义和用途如表 8-1 所示。

表 8-1　安全色的颜色含义和用途

颜色	颜色含义和用途	
	人员安全	机械 / 过程状况
红	危险 / 禁止	紧急
黄	注意 / 警告	异常
绿	安全	正常
蓝	执行	强制性

安全色有时会采用组合或对比色，常用的安全色及其相关的对比色是红色—白色，黄色—黑色，蓝色—白色，绿色—白色。

（1）红色。红色表示禁止、停止、危险或提示消防设备、设施的信息。红色用于各种禁止标志、交通禁令标志、消防设备标志；机械的停止按钮、刹车及停车装置的操纵手柄；机械设备的裸露部位（飞轮、齿轮、皮带轮的轮辐、轮毂等）；仪表刻度盘上极限位置的刻度、危险信号旗等。

（2）黄色。黄色表示注意、警告的信息。黄色用于如警告标志、皮带轮及其防护罩的内壁、砂轮机罩的内壁、防护栏杆、警告信号旗等。

（3）绿色。绿色表示安全的提示性信息。绿色用于机器的启动按钮、安全信号旗以及指示方向的提示标志，如安全通道、紧急出口、可动火区、避险处等。

（4）蓝色。蓝色表示必须遵守规定的指令性信息。蓝色用于道路交通标志和标线中的警告标志等。

（5）红色与白色相间隔的条纹。比单独使用红色更加醒目，表示禁止通行、禁止跨越的信息。主要用于交通运输等方面所使用的防护栏杆及隔离墩，液化石油气汽车槽车的条纹，固定禁止标志的标志杆上的色带。

（6）黄色与黑色相间隔的条纹。比单独使用黄色更醒目，表示需要特别注意的信息。应用于各种机械在工作或移动时容易碰撞的部位（如移动式起重机的外伸腿、起重臂端部、起重吊钩和配重等），剪板机的压紧装置，冲床的滑块，固定警告标志的标志杆上的色带等有暂时或永久性危险的场所或设备。

（7）蓝色与白色相间隔的条纹。比单独使用蓝色更醒目，表示方向、指令的安全标记，主要用于交通上的指示性导向标等。

（8）绿色与白色相间隔的条纹。比单独使用绿色更醒目，表示指示安全环境的安全标记。

三、安全标志

（一）安全标志的分类

安全标志由图形符号、安全色、安全对比色、几何形状（边框）或附以简短的文字组合构成，用于传递与安全及健康有关的特定信息或使某个对象或地点变得醒目。安全标志分为禁止标志、警告标志、指令标志、提示标志 4 类。

（1）禁止标志

禁止人们不安全行为的图形标志。安全色为红色，对比色为白色，基本特征为：图形为圆形、黑色，白色衬底，红色边框和斜杠，如图 8-1 所示。

图 8-1　机械工业常用的禁止标志

（2）警告标志

提醒人们对周围环境引起注意，以避免可能发生的危险的图形标志。安全色为黄色，对比色为黑色，基本特征为：图形为三角形、黑色，黄色衬底，黑色边框，如图 8-2 所示。

图 8-2　机械工业常用的警告标志

（3）指令标志

强制人们必须做出某种动作或采用防范措施的图形标志。安全色为蓝色，对比色为白色，基本特征为：图形为圆形、白色，蓝色衬底，如图 8-3 所示。

图 8-3　机械工业常用的指令标志

（4）提示标志

提供某种信息（标明安全设施或场所等）的图形标志。安全色为绿色，对比色为白色，基本特征为：图形为正方形、白色，绿色衬底，如图 8-4 所示。

紧急出口　避险处　可动火区　应急电话　击碎板面

图 8-4　机械工业常用的提示标志

（二）文字辅助标志

当仅靠安全标志本身不能够传递安全所需的全部信息时，用辅助标志给出附加的文字信息并且只能与安全标志同时使用。基本特征为：图形为矩形，有横写和竖写 2 种形式。

（1）横写时，辅助文字写在标志的下方，可以和标志连在一起，也可以分开。禁止标志、指令标志为白色字，衬底色为标志的颜色；警告标志为黑色字，衬底色为白色。

（2）竖写时，辅助文字写在标志的上方。禁止标志、警告标志、指令标志、提示标志均为白色衬底，黑色字。标志下方色带的颜色应和标志的颜色相一致。

（三）安全标志应满足的要求

（1）标志牌的设置位置。标志牌应设在与安全有关的醒目位置和明亮环境中，并使人们看到后有足够的时间来注意它所表示的内容。不宜设在门、窗、架或可移动的物体上，标志牌前不得放置妨碍认读的障碍物。

（2）多个安全标志在一起设置。标志应按警告、禁止、指令、提示类型的顺序，先左后右、先上后下排列。机械设备易发生危险的相应部位，必须有安全标志。

（3）标志检查与维修。标志在机械寿命内应保持连接牢固、字迹清楚、色彩久不褪色、耐环境条件（如液体、气体、气候、盐雾、温度、光）引起的损坏、耐磨损并尺寸稳定；至少每半年检查一次，发现变形、破损、褪色现象，不符合要求时，应及时修整或更换，以保证安全色正确、醒目。

四、信号和警告装置

信号的功能是提醒注意、显示运行状态、警告可能发生故障或出现险情

（包括人身伤害或设备事故风险）先兆，要求人们做出排除或控制险情反应。险情信号的基本属性是使信号接收区内的任何人都能察觉、辨认信号并做出反应。

信号和警告装置的类别包括听觉信号、视觉信号以及视听组合信号。

（一）听觉信号

听觉信号是通过发于声源的音调、频率和间歇变化传送的信息。听觉信号利用人的听觉反应快的特点，可不受照明和物体障碍限制，强迫人们注意。险情听觉信号则根据险情的紧急程度及其可能对人群造成的伤害，分为以下 3 类。

（1）紧急听觉信号，是标示险情开始的信号，必要时还包括标示险情持续和终止的信号。

（2）紧急撤离听觉信号，是标示险情开始或正在发生且有可能造成伤害的紧急情况的信号，指示人们按已确定的方式立即离开危险区。

（3）警告听觉信号，是标示险情即将发生或正在发生，需采取适当措施消除或控制危险的信号，也可提示人们采取行动或措施。

（二）视觉信号

视觉信号是借助装置的视亮度、对比度、颜色、形状、尺寸传送信息，特点是占空间小、视距远、简单明了。险情视觉信号的特征为应确保在信号接收区内的任何地方，在所有可能的照明条件下清晰可见，可采用亮度高于背景的稳定光和闪烁光，以将其从一般照明或其他视觉信号中辨别出来。根据险情对人危害的紧急程度和可能后果，险情视觉信号分为以下 2 类。

（1）警告视觉信号，是指明危险情形即将发生，要求采取适当措施消除或控制险情的视觉信号。

（2）紧急视觉信号，是指明危险情形已经开始或正在发生，要求采取应急措施的视觉信号。

（三）视听组合信号

视听组合信号的特点是光、声信号共同作用。当险情信号为紧急信号时，险情视觉信号与险情听觉信号应同时出现配合使用，用以加强其对危险和紧急状态的警告功能。视听组合信号特征分类如表 8-2 所示。

表 8-2　视听组合信号特征分类

声	光	含义
扫频声	红色	危险，紧急行动
猝发声、快脉冲	红色	危险，紧急行动
交变声	红色	危险，紧急行动
短声	黄色	注意，警戒
序列声	蓝色	命令，强制性行动
拖延声	绿色	正常状态，警报解除

案例分析

某日，某公司综合大队电工班副班组长带领电工甲、电工乙，执行某宿舍电路外线整改任务，3 人约定 10 时到达现场，因下雨没有进行整改。14 时雨停后，电工甲将发电房至宿舍电路段的总开关（600 安空气开关）拉下，并用测电笔验电，经确认断电后开始作业。15 时 10 分左右，电工甲在整改过程中发现一根电线破皮，导线外露，于是将该线从电杆上放下，准备用绝缘胶布包扎该处时，左手食指第三节与外露导体接触造成触电。副班组长急忙跑到发电房（距现场约 50 米），发现电路闸刀已经合上，急忙用脚将开关蹬下。电工甲经现场医务人员抢救无效死亡。

事故原因主要有：

（1）外雇现场抽水作业的施工人员因急于进行施工，在既没有通知综合大队发电工和整改电路的电工，也没有观察有无施工人员的情况下，一次性将给宿舍供电的开关合上，引起外线突然带电。

（2）电工甲拉闸后，没有按规定挂上“禁止合闸，有人工作”的安全标志牌。

为了预防类似事故的发生，应该做好以下几项工作：

（1）对电气作业实行严格的作业审批制度，明确作业责任人。

（2）电气作业时，应做好保证安全的组织措施和技术措施。电工拉闸后应上锁，并挂上“禁止合闸，有人工作”的安全标志牌。

（3）加强对职工的安全教育培训，包括劳务派遣人员、临时工等。职工应遵守各项安全生产规章制度，严格执行安全操作规程。

第九章

班组劳动保护与劳动防护用品

CHAPTER 9

第一节

职业危害因素及其预防

一、职业危害因素的分类

职业危害因素，也称职业病危害因素或职业性有害因素，是指在生产过程、劳动过程、作业环境中存在的各种有害的化学、物理、生物因素以及在作业过程中产生的其他危害劳动者健康、导致职业病的有害因素。职业危害因素按照来源可以分为以下 3 类。

（一）生产过程中的职业危害因素

（1）化学因素。包括生产性粉尘和化学有毒物质。生产性粉尘有矽尘、煤尘、石棉尘、电焊烟尘等，化学有毒物质有铅、汞、锰、苯、一氧化碳、硫化氢、甲醛、甲醇等。

（2）物理因素。例如噪声、振动、辐射、异常气象条件（高温、高湿、低温、高气压）等。

（3）生物因素。例如附着于皮毛上的炭疽杆菌、甘蔗渣上的真菌，医务工作者可能接触到的生物传染性病原物等。

（二）劳动过程中的职业危害因素

（1）劳动组织和劳动制度不合理，如劳动时间过长、轮班制度不合理等。

（2）劳动中精神过度紧张。

（3）劳动强度过大或劳动安排不当，如安排的作业与劳动者的生理状况不相适应、超负荷加班加点等。

（4）机体过度疲劳，如光线不足引起的视力疲劳等。

（5）长时间处于某种不良体位或使用不合理的工具等。

（三）作业环境中的职业危害因素

（1）生产场所设计不符合卫生标准或要求，如厂房布局不合理、有毒和无毒工序安排在一起等。

（2）缺乏必要的卫生技术设施，如没有通风换气、防尘、防毒、防噪声等设备。

（3）安全防护设备和个人防护用品装备不全。

在实际的生产场所中，职业危害因素往往不是单一存在的，而是多种因素同时对劳动者的健康产生作用，此时危害更大。

二、主要职业危害因素

（一）生产性粉尘

生产性粉尘是指在生产中形成的、能较长时间漂浮在作业场所空气中的固体颗粒，其粒径多在 0.1~10 微米。生产性粉尘进入人体后，根据其性质、沉积的部位和数量的不同，可引起不同的病变，生产性粉尘的危害包括 6 个方面。

（1）尘肺。长期吸入一定量的某些粉尘可引起尘肺，这是生产性粉尘引起的最严重的危害。

（2）全身中毒性，例如铅、锰、砷化物等粉尘。

（3）局部刺激性，例如生石灰、漂白粉、水泥等粉尘。

（4）光感应性，例如沥青粉尘。

（5）感染性，例如破烂布屑、兽毛、谷粒等粉尘有时附有病原菌。

（6）致癌性，例如铬、镍、砷、石棉及某些光感应性和放射性物质的粉尘。

生产性粉尘引起的职业病中，以尘肺最为严重。

（二）生产性毒物

生产性毒物的分类方法很多，按其化学成分可分为金属、类金属、非金属、高分子化合物毒物等；按其物理状态可分为固态、液态、气态毒物；按毒理作用可分为刺激性、腐蚀性、窒息性、神经性、溶血性和致畸、致癌、致突变性毒物等。一般将生产性毒物按其综合性分为 6 个方面。

（1）金属及类金属毒物，如铅、汞、锰、镉、铬、砷、磷等。

（2）刺激性和窒息性毒物，如氯、氨、氮氧化物、一氧化碳、硫化氢等。

（3）有机溶剂，如苯、甲苯、汽油、四氯化碳等。

（4）苯的氨基和硝基化合物，如苯胺、三硝基甲苯等。

（5）高分子化合物，如塑料、合成橡胶、合成纤维、黏合剂、离子交换树脂等。

（6）农药，如杀虫剂、除草剂、植物生长调节剂、灭鼠剂等。

生产性毒物进入人体的途径主要有呼吸道、皮肤和消化道。由于接触生产性毒物引起的中毒，称为职业中毒。生产性毒物可作用于人体的多个系统，表现在 6 个方面。

（1）神经系统。铅、锰中毒可损伤运动神经、感觉神经，引起周围神经炎。震颤常见于锰中毒或急性一氧化碳中毒后遗症。重症中毒时可发生脑水肿。

（2）呼吸系统。一次性大量吸入高浓度的有毒气体可引起窒息；长期吸入刺激性气体能引起慢性呼吸道炎症，可出现鼻炎、咽炎、支气管炎等上呼吸道炎症；长期吸入大量刺激性气体可引起严重的呼吸道病变，如化学性肺水肿和肺炎。

（3）血液系统。铅可引起低血色素贫血，苯及三硝基甲苯等毒物可抑制骨髓的造血功能，表现为白细胞和血小板减少，严重者可发展为再生障碍性贫血。一氧化碳可与血液中的血红蛋白结合形成碳氧血红蛋白，使人体组织缺氧。

（4）消化系统。汞盐、砷等毒物经口大量进入人体时，可出现腹痛、恶心、呕吐与出血性肠胃炎。铅及铊中毒时，可出现剧烈的持续性的腹绞痛，并有口腔溃疡、牙龈肿胀、牙齿松动等症状。长期吸入酸雾，可使牙釉质损坏、脱落。四氯化碳、溴苯、三硝基甲苯等可引起急性或慢性肝病。

（5）泌尿系统。汞、砷化氢、乙二醇等可引起中毒性肾病，如急性肾功能衰竭、肾病综合征和肾小管综合征等。

（6）其他系统。生产性毒物还可引起皮肤、眼睛、骨骼病变。许多化学物质可引起接触性皮炎、毛囊炎。接触铬、铍的皮肤易发生溃疡。长期接触焦油、沥青、砷等，可引起皮肤黑变病，甚至诱发皮肤癌。酸、碱等腐蚀性化学物质可引起刺激性眼结膜炎或角膜炎，严重者可引起化学性灼伤。

（三）噪声

对人体有害的、人们不需要的一切声音都是噪声。在生产过程中，机器转动、气体排放、工件撞击与摩擦所产生的噪声，称为生产性噪声或工业噪声。

生产性噪声按其声音的来源可分为 3 类。

（1）机械性噪声。由于机器转动、摩擦、撞击而产生的噪声。如各种车床、轧钢机、球磨机等机械所发出的噪声。

（2）空气动力性噪声。由于气体体积突然发生变化引起压力突变或气体中有涡流引起气体分子扰动而产生的噪声。如鼓风机、通风机、空气压缩机、燃气轮机等发出的噪声。

（3）电磁性噪声。由于电机中交变力相互作用而产生的噪声。如发电机、变压器、电动机等发出的噪声。

噪声对人体的影响是全身性、多方面的。噪声会妨碍正常的工作和休息。在噪声环境中工作，人容易感觉疲乏、烦躁，以及注意力不集中、反应迟钝、准确性降低等。噪声可直接影响工人的作业能力和效率。由于噪声掩盖了作业场所的危险信号或警报，使人不易察觉，往往还可导致工伤事故的发生。长期接触强烈噪声会对人体 3 个系统产生有害影响。

（1）听力系统。噪声的有害作用主要是对听力系统的损害。强噪声作用下可导致永久性听力下降，引起噪声聋；极强噪声可导致听力器官发生急性外伤，即爆震性聋。

（2）神经系统。长期接触噪声可导致大脑皮层兴奋和抑制的平衡功能失调，出现头痛、头晕、心悸、耳鸣、疲劳、睡眠障碍、记忆力减退、情绪不稳定、易怒等症状。

（3）其他系统。长期接触噪声可引起其他系统的应激反应，如可导致心血管系统疾病加重，引起肠胃功能紊乱等。

（四）电磁辐射

电磁辐射包括非电离辐射和电离辐射。非电离辐射分为射频辐射、红外线辐射、紫外线辐射、激光等，电离辐射包括 X 射线及 γ 射线等。

（1）射频辐射。包括高频电磁场、超高频电磁场和微波等。射频辐射对人体的影响不会导致组织器官的器质性损伤，主要引起功能性改变，并具有可逆性的特征，在停止接触数周或数月后往往可以恢复。

（2）红外线辐射。红外线辐射影响的机体主要是皮肤和眼睛。

（3）紫外线辐射。强烈的紫外线辐射作用可引起皮炎，表现为弥漫性红斑，有时会出现小水泡和水肿，并有发痒、烧灼感。在作业场所比较多见的是紫外线对眼睛的损伤，即由电弧光照射所引起的职业病——电光性眼炎。

（4）激光。激光对人体的危害是由它的热效应和光化学效应造成的，会烧伤皮肤。

（5）X 射线及 γ 射线。在一些特殊的工作场所，员工有可能接触到放射性物质（放射源）。放射源发出的放射线，可作用于人体的细胞、组织和体液，直接破坏机体结构或使人体神经内分泌系统调节发生障碍。当人体受到超过一定剂量的放射线照射时，便可产生一系列的病变（放射病），严重的可造成死亡。

三、主要职业危害因素的预防措施

（一）粉尘危害的预防措施

综合防尘措施可概括为 8 个字，即“革、水、密、风、护、管、教、查”。

（1）“革”：工艺改革。以低粉尘、无粉尘物料代替高粉尘物料，以不产尘设备、低产尘设备代替高产尘设备，这是减少或消除粉尘污染的根本措施。

（2）“水”：湿式作业可以有效地防止粉尘飞扬。例如，矿山开采的湿式凿岩、铸造业的湿砂造型等。

（3）“密”：密闭尘源。使用密闭的生产设备或者将敞口设备改成密闭设备。这是防止和减少粉尘外逸、治理作业场所空气污染的重要措施。

（4）“风”：通风排尘。受生产条件限制，设备无法密闭或密闭后仍有粉尘外逸时，要采取通风措施，将产尘点的含尘气体直接抽走，确保作业场所空气中的粉尘浓度符合国家卫生标准。

（5）“护”：受生产条件限制，在粉尘无法控制或高浓度粉尘条件下作业，必须合理、正确地使用防尘口罩、防尘服等个人防护用品。

（6）“管”：要重视防尘工作，改善防尘设施，加强维护管理，确保设备的良好、高效运行。

（7）“教”：加强防尘工作的宣传教育，普及防尘知识，使接尘者对粉尘危害有充分的了解和认识。

（8）“查”：定期对接尘人员进行健康检查；对从事特殊作业的人员应发放保健津贴；有作业禁忌证的人员，不得从事接尘作业。

（二）职业中毒的预防措施

预防职业中毒必须采取7个综合性的防治措施。

（1）消除毒物。从生产工艺流程中消除有毒物质，用无毒物或低毒物代替有毒物，改变能产生有害因素的工艺过程，改造技术设备，实现生产的密闭化、连续化、机械化和自动化，使作业人员脱离或减少直接接触有害物质的机会。

（2）密闭、隔离有害物质污染源，控制有害物质逸散。对逸散到作业场所的有害物质要采取通风措施，控制有害物质的飞扬、扩散。

（3）加强对有害物质的监测，控制有害物质的浓度，使其低于国家有关标准规定的最高允许浓度。

（4）加强对毒物及预防措施的宣传教育。建立健全安全生产责任制、卫生责任制和岗位责任制。

（5）加强个人防护。在存在毒物的作业场所作业，应使用防护服、防护面具、防毒面罩、防尘口罩等个人防护用品。

（6）提高机体免疫力。因地制宜地开展体育锻炼，注意休息，加强营养，做好季节性多发病的预防。

（7）接触毒物作业的人员要定期进行健康检查。必要时实行转岗、换岗作业。

（三）作业场所噪声危害的控制

采用一定的措施可以降低噪声的强度和减小噪声的危害，主要包括 4 个措施。

（1）采取技术措施控制噪声的产生。这是防止噪声危害的根本措施，应根据具体情况采取不同的解决方式。采用无噪声或低噪声设备代替发出噪声的设备，如用液压代替高噪声的锻压。对于生产允许远置的噪声源，如风机、电动机等，应移至车间外或采取隔离措施。

（2）控制噪声的传播。可采取消声、吸声和隔声等措施。消声器是能阻止声音传播而允许气流通过的装置，是防止空气动力性噪声的主要措施。采用吸声材料装饰在车间的内表面或悬挂在车间内，能吸收辐射和反射能量，使噪声强度减弱。在某些情况下，可以利用一定的材料和装置，把声源封闭，使其与周围环境隔绝，如隔声罩、隔声间等。

（3）加强个人防护，使用劳动防护用具。合理使用防噪声耳塞、耳罩具有一定的防噪声效果。根据耳道大小选择合适的耳塞，隔声效果可达 30~40 分贝，对高频噪声的阻隔效果更好。改善劳动作业安排，工作日中穿插休息时间，休息时间离开噪声环境，限制噪声作业的工作时间，可减轻噪声对人体的危害。

（4）卫生保健措施。接触噪声的人员应定期进行体检。以听力检查为重点，对于已出现听力下降者，应加以治疗和加强观察，严重者应调离噪声作业岗位。有明显的听觉器官疾病、心血管病、神经系统器质性疾病者不得从事接触强烈噪声的工作。

（四）防电离辐射措施

在有放射源的工作场所中，应采取严格 8 种防护措施。

（1）严格遵守并执行放射源使用和保管的安全操作规程与制度。

（2）严格控制辐射剂量。工作时随时检查辐射剂量，建立个人接受辐射剂量卡，保证在允许的辐射剂量下工作。

（3）缩短受照射时间，工作时可实行轮换操作制度。

（4）尽量增大与放射源的操作距离，距离越远，受辐射危害越小，如使用机械手远距离操作。

（5）采用屏蔽材料（如混凝土、铅）遮挡放射源发出的射线。

（6）操作中严格遵守个人卫生防护措施要求，穿戴工作服、工作帽，防止放射性物质污染皮肤或经口进入体内。

（7）加强宣传教育。学习辐射危害的卫生知识和防护措施。非相关操作人员不要盲目进入有放射源警示标志的作业场所。

（8）定期体检。对接触放射源的工作人员实行就业前健康检查和定期健康检查制度。

案例分析

2004 年 3 月 7 日，常熟市某建材有限公司因热浸镀锌钢卷生产线铅槽有铅泄露而进行检修，由 10 名作业工人分日夜两班轮流对铅槽底渗出的铅用机械方法清理，作业时间每班 8 个小时。作业过程中，为了加快清理进度，从 2004 年 3 月 10 日开始，工人改变作业方法，改用氧气切割的方法清除铅块。4 天后，也就是 2004 年 3 月 14 日，作业工人中有 4 人出现头昏乏力、周身不适、恶心呕吐、腹部不适等症状，立即被送往市第二人民医院进行对症治疗和临床医学观察。经检测，有 7 名工人尿铅超过职业接触限值 0.07 毫克 / 升，最大尿铅测得值为 0.54 毫克 / 升，其中有 4 名患者尿铅检测指标达到并超过诊断值 0.12 毫克 / 升，且出现明显的临床症状，经过综合分析，确诊为职业性慢性轻度铅中毒。

铅是一种银白色略带蓝色的软金属，熔点为 327 摄氏度，加热至 400～500 摄氏度时，即有大量铅蒸气逸出，在空气中氧化并凝集为铅烟。本次中毒事故是作业工人违反操作规程用氧气风枪切割铅块，在切割过程中，使空气中凝集大量的含铅化合物烟尘，再加上没有使用防护用具，导致作业工人吸入烟尘中毒。

第二节

劳动防护用品

劳动防护用品是指由生产经营单位为从业人员配备的，使其在劳动过程中免遭或者减轻事故伤害及职业危害的个人防护装备。使用劳动防护用品，是保障从业人员人身安全与健康的重要措施，也是生产经营单位安全生产日常管理的重要工作内容。

一、劳动防护用品的作用

劳动防护用品是保护劳动者不受事故伤害和职业危害的最后一道防线。当劳动安全卫生技术措施尚不能消除生产劳动过程中的危险及有害因素，尚达不到国家标准、行业标准及有关规定，也暂时无法进行技术改造时，使用防护用品就成为既能完成生产劳动任务，又能保障劳动者安全与健康的唯一手段。

劳动防护用品主要有以下两个方面的作用。

（1）隔离和屏蔽作用，是指使用一定的隔离或屏蔽体使机体避免受到有害因素的侵害。如劳动防护用品能很好地隔绝外界的某些刺激，避免皮肤发生皮炎等病态反应。

（2）过滤和吸附（收）作用，是指借助防护用品中某些聚合物本身的活性基团对毒物的吸附作用洗涤空气，如利用活性炭等多孔物质的吸附作用进行排毒。

二、劳动防护用品的分类

劳动防护用品的种类很多，可以分为以下 10 大类。

（1）头部防护用品。主要包括一般防护帽、防尘帽、防水帽、防寒帽、安全帽、防静电帽、防高温帽、防电磁辐射帽、防昆虫帽等。

（2）呼吸防护用品。按防护功能主要分为防尘口罩和防毒口罩（面罩），按形式可分为过滤式和隔离式呼吸防护用品。

（3）眼面部防护用品。主要包括防尘、防水、防冲击、防高温、防电磁辐射、防射线、防化学飞溅、防风沙、防强光等防护用品。

（4）听力防护用品。主要包括耳塞、耳罩和防噪声头盔等。

（5）手部防护用品。主要包括一般防护手套、防水手套、防寒手套、防毒手套、防静电手套、防高温手套、防 X 射线手套、防酸碱手套、防油手套、防振手套、防切割手套、绝缘手套等。

（6）足部防护用品。主要包括防尘鞋、防水鞋、防寒鞋、防静电鞋、防酸碱鞋、防油鞋、防烫脚鞋、防滑鞋、防刺穿鞋、电绝缘鞋、防振鞋等。

（7）躯干防护用品。主要包括一般防护服、防水服、防寒服、防砸背心、防毒服、阻燃服、防静电服、防高温服、防电磁辐射服、耐酸碱服、防油服、水上救生衣、防昆虫服、防风沙服等。

（8）护肤用品。主要包括防毒、防腐、防射线、防油漆等不同功能的护肤用品。

（9）坠落防护用品。主要包括安全带、安全绳等。

（10）其他劳动防护用品。

三、劳动防护用品的配置要求

（1）劳动防护用品是由用人单位提供的，保障劳动者安全与健康的辅助性、预防性措施，不得以劳动防护用品替代工程防护设施和其他技术、管理措施。

（2）用人单位应当安排专项经费用于配备劳动防护用品，不得以货币或者其他物品替代。该项经费计入生产成本，据实列支。

（3）用人单位应当为劳动者提供符合国家标准或者行业标准的劳动防护用品。使用进口的劳动防护用品，其防护性能不得低于我国的相关标准。鼓励用人单位购买、使用获得安全标志的劳动防护用品。

（4）用人单位使用的劳务派遣工、接纳的实习学生应当纳入本单位人员统一管理，并配备相应的劳动防护用品。对处于作业地点的其他外来人员，必须按照与进行作业的劳动者相同的标准，正确佩戴和使用劳动防护用品。

（5）用人单位应当根据劳动者工作场所中存在的危险、有害因素种类及危害程度、劳动环境条件、劳动防护用品有效使用时间制订适合本单位的劳动防护用品配备标准。

（6）用人单位应当按照劳动防护用品发放周期发放劳动防护用品，对工作过程中损坏的劳动防护用品，用人单位应及时更换。

（7）安全帽、呼吸器、绝缘手套等安全性能要求高、易损耗的劳动防护用品，应当按照有效防护功能最低指标和有效使用期，到期强制报废。

四、劳动防护用品的使用注意事项

（1）应针对防护目的正确选择符合要求的劳动防护用品，绝不能选错或将就使用，以免发生事故。

（2）对使用防护用品的人员应进行教育和培训，使其充分了解使用目的和意义，并正确使用。对于结构和使用方法较为复杂的防护用品，如呼吸防护器，应进行反复训练，使相关人员能熟练使用。用于紧急救护的呼吸器，要定期严格检验，并妥善存放在可能发生事故的地点附近，以方便取用。

（3）要善于维护和保养防护用品，这样不但能延长其使用期限，更重要的是能保证该用品的防护效果。例如，非一次性的耳塞、口罩、面罩等用后应用肥皂、清水洗净，并用药液消毒、晾干。要定期更换过滤式呼吸防护器的滤料，以防失效。防止皮肤受污染的防护服用后应集中清洗。

（4）防护用品应由专人管理、负责维护保养，以保证劳动防护用品充分发挥其作用。

五、常用劳动防护用品及其使用

（一）安全帽

安全帽是防止冲击物伤害头部的防护用品。由帽壳、帽衬、下颊带和后箍组成。帽壳和帽衬之间留有一定空间，可缓冲、分散瞬时冲击力，从而避免或减轻对头部的直接伤害。所以在使用时应特别注意如下事项。

（1）安全帽的缓冲衬垫的松紧由带子调节，人的头顶和帽体内顶部的空间至少要有 32 毫米才能使用。这种间隔，其目的不仅是确保在遭受冲击时帽体有足够的空间可供变形，也有利于头和帽体之间的通风。

（2）使用时，不要把安全帽歪戴在脑后，否则会降低安全帽防护冲击的作用。

（3）使用时，安全帽带要系牢，否则就可能在物体坠落冲击头部时，由于安全帽掉落而起不到防护作用，尤其在装卸时应注意。如果安全帽不系牢，即使帽体与头顶之间有足够的空间，也不能充分发挥其作用，而且当前后摆动时，安全帽容易脱落。

（4）帽体顶部除了在帽体内安装了帽衬外，不要为了透气而随便在帽体上开孔，这样会使帽体强度显著降低。

（5）由于安全帽在使用过程中会逐渐损坏，所以要定期进行检查。仔细查看有无龟裂、下凹、裂痕和磨损等情况，如发现安全帽不符合质量要求，必须更换。

（6）现场作业中，切记不得将安全帽脱下搁置一旁，或当坐垫使用。

（二）安全带

安全带使用不当时会增加冲击负荷，直接威胁人的生命安全。所以在使用时应特别注意如下事项。

（1）水平拴挂。使用单腰带时，应将安全带系在腰部，绳的挂钩挂在和带同一水平的位置，人和挂钩之间保持约等于绳长的距离。这样，当坠落时，操作人员受到的摆动冲击负荷较垂直情况时的冲击负荷更小。但要注意，在摆动过程中不要和其他物体相碰。

（2）高挂低用。将安全带的绳挂在高处，人在下面工作，是一种较安全的挂绳法，可使实际冲距减少。若高挂距离远，可另接一长绳。绳挂在低处，人在上面作业的低挂高用方法则很不安全，因为实际冲击距离大，人和绳都要受到较大的冲击负荷。

（3）安全带使用后，要注意维护和保管，要经常检查安全带的缝制部分和挂钩部分，必须详细检查捻线是否发生断裂和磨损，要保证安全带处于完好状态。

（三）防尘口罩

产品技术要求应符合 GB/T 18664 的规定，防尘口罩的分类如表 9-1 所示。

表 9-1　防尘口罩的分类

<table>
<tr><td colspan="3">过滤式</td><td colspan="4">隔绝式</td></tr>
<tr><td colspan="2">自吸过滤式</td><td rowspan="2">送风过滤式</td><td colspan="2">供气式</td><td colspan="2">携气式</td></tr>
<tr><td>半面罩</td><td>全面罩</td><td>正压式</td><td>负压式</td><td>正压式</td><td>负压式</td></tr>
</table>

（1）过滤式防尘口罩

过滤式防尘口罩是指能把吸入的作业环境空气通过净化部件的吸附、吸收、催化或过滤等作用，除去其中有害物质后作为气源的呼吸防护用品，主要包括自吸过滤式和送风过滤式防尘口罩。

自吸过滤式防尘口罩是靠佩戴者呼吸克服部件阻力的过滤式呼吸防护用品，是工矿企业普遍使用的个人防尘用品，有半面罩型和全面罩型 2 种。半面罩型指只把呼吸器官（口和鼻）盖住的口罩，全面罩型指可把整个面部包括眼睛都盖住的口罩。送风过滤式防尘口罩是靠动力（如电动风机或手动风机）克服部件阻力的过滤式呼吸防护用品。

（2）隔绝式防尘口罩

隔绝式防尘口罩是指能使佩戴者呼吸器官与作业环境隔绝，靠本身携带的气源或者依靠导气管引入作业环境以外的洁净气源的呼吸防护用品，有供气式和携气式 2 种。

供气式防尘口罩是佩戴者靠呼吸或借助机械力通过导气管引入清洁空气的隔绝式呼吸防护用品。携气式防尘口罩是佩戴者携带空气瓶、氧气瓶或生氧器等作为气源的隔绝式呼吸防护用品。

（四）护目镜

护目镜的作用是防止飞来的物质颗粒、碎屑、火花、飞沫、热流、耀眼的光线、烟雾、熔融金属、有害光线等对眼睛造成伤害。为使眼睛免遭伤害，根据防护对象的不同，可以分为防碎屑打击、防有害液体飞溅、防烟雾灰尘及各种有毒气体、防 X 射线、防微波及防高频射线等护目镜。

（五）防护手套

（1）防护手套的基本要求

防护手套应尽量不妨碍手的功能，使作业能顺利地进行。所使用的手套必须具有能够防护手的相适应的形状，拇指与其他四指必须能够相对运动。

（2）防护手套的使用

使用防护手套时，必须根据作业的性质、所担任的工种、设备情况进行分析后，选择合适材料制作的、操作方便的手套，方能起到防护的作用。戴防护手套能够对操作人员手部起到防护作用，防止手受到伤害。但操作钻床、铣床、刨床和传送机的人员禁止戴手套，以防手套被机械缠住或夹住。

案例分析 1

某世纪广场工程，工人在桩内作业，同时有建筑施工单位交叉作业。塔吊在运送方砖时，从吊篮中掉出一块方砖，恰好掉入桩内，砖的一角正击中桩内作业人员的后脑部，后单位在检查施工作业情况时发现该人员受伤。

原因分析：交叉作业的安全管理不到位。桩口未设人监护，出事后，也未能及时发现。工人安全意识淡薄，由于施工正值夏季，天气炎热，施工工人未佩戴安全帽，未能有效防止伤害。

案例分析 2

2010 年夏，安徽省某铁路货运场 3 名装卸工负责装卸危险化学品——硫酸。按正常程序，他们先将槽车的上出料管与输送管法兰连接好，对槽内加压。当压力达到要求后，硫酸仍没流出。随后放气减压打开槽口大盖进行检查，发现槽内出料管堵塞。于是 3 人将法兰拆开，用钢管插入出料管进行疏通。当出料管被捣通时，管内喷出高达 3 米多的白色泡沫状液体，溅到站在槽上的 3 人身体和面部。由于 3 人均未戴防护面罩，当时 3 人眼前一片漆黑，眼睛疼痛难忍，用水清洗后被送往医院，检查为碱伤害。经半年多的治疗，3 人视力均低于 4.4（0.2）不等，且泪腺受损。

发生该事故的主要原因是槽车清洗不到位。该硫酸槽之前用于盛装液碱，由于槽上出料管没有清洗到位，附着的干枯液碱堵塞在出料管下部，当管被疏通后由于硫酸压力作用，使碱、反应盐水、酸等先后喷出。事故的另一方面原因是装卸工未按规定穿戴防护面罩。为了防止类似事故的发生，生产经营单位应健全安全生产管理制度并严格执行，做好安全生产风险分级管控和隐患排查治理工作，必须为从业人员提供符合国家标准或者行业标准的劳动防护用品，并监督、教育从业人员按照使用规则佩戴、使用。

CHAPTER 10

第十章

班组安全生产教育培训

第一节

企业安全生产教育培训的管理

一、法律法规要求

我国生产安全重特大人身伤亡事故主要集中在劳动密集型企业，如煤矿、非煤矿山、道路交通、建筑施工、烟花爆竹等企业。这些企业的从业人员多数以农民工为主，文化水平不高，流动性较大。部分企业在安全教育培训方面投入较少，安全教育培训流于形式的情况较为严重，导致从业人员对违章作业行为及其危害认识不深，对作业环境中存在的危险和有害因素认识不清。因此，加强企业对从业人员的安全教育培训，提高从业人员对作业风险的辨识、控制、应急处置和避险自救能力，提高从业人员的安全意识和综合素质，是防止产生不安全行为、减少人为失误的重要途径。

《中华人民共和国安全生产法》第二十八条规定："生产经营单位应当对从业人员进行安全生产教育和培训，保证从业人员具备必要的安全生产知识，熟悉有关的安全生产规章制度和安全操作规程，掌握本岗位的安全操作技能，了解事故应急处理措施，知悉自身在安全生产方面的权利和义务。未经安全生产教育和培训合格的从业人员，不得上岗作业。生产经营单位使用被派遣劳动者的，应当将被派遣劳动者纳入本单位从业人员统一管理，对被派遣劳动者进行岗位安全操作规程和安全操作技能的教育和培训。劳务派遣单位应当对被派遣劳动者进行必要的安全生产教育和培训。生产经营单位接收中等职业学校、高等学校学生实习的，应当对实习学生进行相应的安全生产教育和培训，提供必要的劳动防护用品。学校应当协助生产经营单位对实习学生进行安全生产教育和培训。生产经营单位应当建立安全生产教育和培训档案，如实记录安全生产教育和培训的时间、内容、参加人员以及考核结果等情况。”第二十九条规定：“生产经营单位采用新工艺、新技术、新材料或者使用新设备，必须了解、掌握其安全技术特性，采取有效的安全防护措施，并对从业人员进行专门的安全生产教育和培训。”第三十条规定：“生产经营单位的特种作业人员必须按照国家有关规定经专门的安全作业培训，取得相应资格，方可上岗作业。”第四十四条规定：“生产经营单位应当教育和督促从业人员严格执行本单位的安全生产规章制度和安全操作规程；并向从业人员如实告知作业场所和工作岗位存在的危险因素、防范措施以及事故应急措施。”第五十八条规定：“从业人员应当接受安全生产教育和培训，掌握本职工作所需的安全生产知识，提高安全生产技能，增强事故预防和应急处理能力。”

原国家安全生产监督管理总局颁布了一系列安全生产教育培训的政策、法规，如《生产经营单位安全培训规定》《特种作业人员安全技术培训考核管理规定》《安全生产培训管理办法》等。各级政府安全生产监督管理部门以及负有安全生产监督管理责任的有关部门，应结合生产经营单位的用工形式、安全教育培训投入，对安全教育培训的内容、方法、时间以及安全教育培训的效果验证等方面实施综合监管。

二、安全生产教育培训的组织

生产经营单位从业人员的安全培训工作，由生产经营单位组织实施。生产经营单位应当坚持“以考促学、以讲促学”，确保全体从业人员熟练掌握岗位安全生产知识和技能；从事煤矿、非煤矿山、危险化学品、烟花爆竹、金属冶炼等行业的生产经营单位还应当完善和落实师傅带徒弟制度。

具备安全培训条件的生产经营单位，应当以自主培训为主；也可以委托具备安全培训条件的机构，对从业人员进行安全培训。不具备安全培训条件的生产经营单位，应当委托具备安全培训条件的机构，对从业人员进行安全培训。生产经营单位应当将安全培训工作纳入本单位年度工作计划。保证本单位安全培训工作所需资金。生产经营单位的主要负责人负责组织制订并实施本单位安全培训计划。

生产经营单位应当建立健全从业人员安全生产教育和培训档案，由生产经营单位的安全生产管理机构以及安全生产管理人员详细、准确记录培训的时间、内容、参加人员以及考核结果等情况。生产经营单位安排从业人员进行安全培训期间，应当支付其工资和必要的费用。

三、安全生产教育培训的方式

（一）教育培训的形式

安全生产教育培训的形式是多种多样的，包括：安全活动日，班前、班后安全会，安全会议、讲课以及座谈，安全知识考核，安全技术报告交流，开展安全竞赛及安全日活动，事故现场会，安全教育陈列室，安全卫生展览，宣传挂图，安全教育电影、电视以及幻灯片，宣传栏，警示牌，横幅标语，宣传画，安全操作规程牌，黑板报，简报、微博，公众号等。

安全生产教育培训的常用形式有以下 3 种。

（1）集中进行课堂培训。企业开展声像教育，组织职工观看由于违规违章操作导致存在重大事故隐患的现场录像，结合事故案例讲评分析违章指挥、违章操作、违反劳动纪律的危害性，并同时播放规范标准作业录像进行强化对比教育。

（2）有针对性的对比教育。企业组织各类安全会议、安全活动日、现场的技能专项学习，进行现场观摩讲析、查隐患找原因，提出整改措施。

（3）班前、班后安全活动。班组成员通过了解当日存在的危险源及应采取的相应措施，作为自己在施工时的指南，当天作业完后由班组长牵头对所属工人进行安全施工讲评。

（二）教育培训的手段

安全生产教育培训的手段也多种多样、各有特点，包括：多媒体教育培训、广泛连续的教育、集中制作安全宣传展板、安全竞赛及安全活动等。企业应采用灵活适用的教育培训手段，提高教育培训的质量。

（1）采用多媒体教育培训方式。安全教育培训多媒体教程可采用计算机和投影相结合的方式，内容应以声、像、动画相结合。

（2）广泛连续的教育方式。利用安全知识竞赛、演讲会、研讨会、座谈会等多种形式进行广泛教育，还可以利用标语、板报等宣传工具进行长期教育。

（3）集中制作成安全宣传展板，利用定期出版的安全杂志、板报、安全读物、宣传手册以及幻灯片和电影等方式进行安全宣传，能够创造一个良好的学习氛围，应长期坚持。当展览与其他活动结合开展时，可以得到最佳效果。

（4）安全竞赛及安全活动。许多企业开展“百日无事故竞赛”“安全生产××天”等多种形式的活动，把安全竞赛列入企业的安全计划，在车间班组进行安全竞赛，对优胜者给予奖励，可以提高职工安全生产的积极性。当然，竞赛的成功与否不在于谁是优胜者，而在于降低整个企业的事故率。

案例分析

新时期，国家电网某供电公司紧跟时代的步伐，认真总结安全教育工作经验，找准工作的切入点和落脚点，在实践中用创新理念指导工作，积极顺应新形势抓好班组安全教育，不断提升广大员工的安全素质，努力实现安全生产。

（1）预防为主，重视班组安全教育。公司高度重视班组安全教育，要求所属部门和单位统一并提高认识、形成共识，坚持把抓班组安全教育、加强预防作为始终如一的工作目标。在实际工作中从规范制度入手，紧紧抓住筑牢班组安全防线的关键节点，加大班组安全教育力度，进一步强调“安全第一、预防为主”的理念，彻底转变班组安全教育“说起来重要，做起来次要，忙起来不要”的现象。同时，在投入大量人力、财力、物力的基础上，积极研究班组员工的思想状况和心理需求，改变工作和人员行为策略，及时掌握教育新规律，寻求教育新途径，搭建教育新平台，不断优化班组安全教育流程，真正达到了班组安全教育的经常化、实效化、常态化，确保改变班组安全教育“头痛医头、脚痛医脚”的旧模式，发挥班组安全对整体安全生产保驾护航的作用。

（2）虚功实做，开展班组安全教育。相比班组安全管理其他工作而言，班组安全教育因其任务安排的弹性化、质量标准的无止境、考核评估的不可对比性以及干多干少难以量化、无法硬化等特点，往往让人感觉这项工作是虚活、软指标。为此，公司在班组安全教育中，虚功实做，软任务硬推进，做到了“真抓、细抓、常抓”，对上级规定的项目坚决抓好，不打折扣；对本单位、本部门的传统项目，在坚持的基础上抓创新、抓提升。

（3）统筹兼顾，深化班组安全教育。安全教育工作要立足于实际，在教育重点上突出针对性和有效性，在教育内容上注重与实际有机结合，在教育方式上力求体现多样性，达到全面推进，统筹兼顾。坚持集中学习与自我学习并重，坚持先进典型与案例警示并重，坚持以人为本与亲情关爱并重。

（4）注重结合，推动班组安全教育。班组每一项安全教育活动的开展都必须注重“结合”，才能有效地推动班组安全教育。为此，公司在班组安全教育活动中，积极与“大安全”相结合，与企业安全形势同步合拍，突出安全活动主题，为安全生产鼓与呼。安全教育应与班组实际相结合，与现场安全相结合，与走动巡查相结合。

第二节

安全生产教育培训的内容与时间

一、特种作业人员的培训内容和时间

特种作业是指容易发生事故，对操作者本人、他人的安全健康及设备设施的安全可能造成重大危害的作业。直接从事特种作业的从业人员称为特种作业人员。特种作业的范围包括：电工作业、焊接与热切割作业、高处作业、制冷与空调作业、煤矿安全作业、金属非金属矿山安全作业、石油天然气安全作业、冶金（有色）生产安全作业、危险化学品安全作业、烟花爆竹安全作业以及应急管理部认定的其他作业。

特种作业人员必须经专门的安全技术培训并考核合格，取得特种作业操作证后方可上岗作业。特种作业人员的安全技术培训、考核、发证、复审工作实行统一监管、分级实施、教考分离的原则。特种作业人员应当接受与其所从事的特种作业相应的安全技术理论培训和实际操作培训。跨省、自治区、直辖市从业的特种作业人员，可以在户籍所在地或者从业所在地参加培训。从事特种作业人员安全技术培训的机构，应当制订相应的培训计划并进行教学安排，并

按照中华人民共和国应急管理部制定的《特种作业人员培训大纲》进行特种作业人员的安全技术培训。

特种作业操作证有效期为 6 年，在全国范围内有效。特种作业操作证由中华人民共和国应急管理部统一式样、标准及编号。特种作业操作证每 3 年复审 1 次。特种作业人员在特种作业操作证有效期内，连续从事本工种 10 年以上，严格遵守有关安全生产法律法规的，经原考核发证机关或者从业所在地考核发证机关同意，特种作业操作证的复审时间可以延长至每 6 年 1 次。

申请特种作业操作证复审或者延期复审前，特种作业人员应当参加必要的安全培训并考试合格。安全培训时间不少于 8 个学时，培训内容包括法律法规、标准、事故案例和有关新工艺、新技术、新装备等知识。复审、延期复审不合格或者未按期复审的，特种作业操作证失效。

二、其他从业人员的教育培训

生产经营单位其他从业人员是指除主要负责人、安全生产管理人员以外从事生产经营活动的所有人员（包括其他负责人、其他管理人员、技术人员和各岗位的工人以及临时聘用的人员）。由于特种作业岗位对安全生产影响较大，需要作业人员经过特殊培训和考核，所以制订了特殊要求，但对其他从业人员的安全教育培训、考核工作，同样适用于特种作业人员。

（一）三级安全教育培训

三级安全教育是指厂、车间、班组的安全教育，三级安全教育培训的形式、方法以及考核标准各有侧重。

（1）厂级安全教育培训，是从业人员入厂教育的一个重要内容，培训重点是生产经营单位安全风险辨识，安全生产管理目标、规章制度、劳动纪律，安全考核奖惩，从业人员的安全生产权利和义务，有关事故案例等。

（2）车间级安全教育培训，是在从业人员工作岗位、工作内容基本确定后开展的培训，由车间一级组织。培训重点是本岗位工作及作业环境范围内的安全风险辨识、评价和控制措施，典型事故案例，岗位安全职责、操作技能及强制性标准，自救、互救、急救方法，疏散和现场紧急情况的处理，安全设施、个人防护用品的使用和维护。

（3）班组级安全教育培训，是在从业人员工作岗位确定后，由班组组织，班组长、班组技术员、安全员对其进行安全教育培训，除此之外自我学习是重点。我国传统的师傅带徒弟的方式，也是做好班组安全教育培训的一种重要方法。新进入班组的从业人员，都应有具体的跟班学习和实习期，实习期间不得单独上岗作业。由于生产经营单位性质不同，对于学习和实习期的时间国家没有统一规定，应按照行业规定或生产经营单位自行确定。从业人员实习期满，安全规程、业务技能考试合格方可独立上岗作业。班组安全教育培训重点是岗位安全操作规程、岗位之间工作衔接配合、作业过程的安全风险分析方法和控制对策、事故案例等。

新从业人员参加安全教育培训的时间不得少于 24 学时。煤矿、非煤矿山、危险化学品、烟花爆竹等生产经营单位新上岗的从业人员参加安全教育培训的时间不得少于 72 学时，每年接受再培训的时间不得少于 20 学时。

（二）调整工作岗位或离岗后重新上岗安全教育培训

从业人员调整工作岗位后，由于岗位工作特点、要求不同，应重新进行新岗位的安全教育培训，并经考试合格后方可上岗作业。

由于工作需要或其他原因离开岗位后，重新上岗作业应再次进行安全教育培训，考试合格后，方可上岗作业。由于工作性质不同，离开岗位时间的标准可按照行业规定或生产经营单位自行规定，行业规定或生产经营单位自行规定的离开岗位时间标准应高于国家规定的时间。原则上，作业安全风险较大，技能要求较高的岗位，时间间隔应短一些。例如，电力行业规定间隔时间为 3 个月。

调整工作岗位和离岗后重新上岗的安全教育培训工作，原则上应由车间级组织。

（三）岗位安全教育培训

岗位安全教育培训是指从业人员连续在岗位工作期间的安全教育培训工作，主要包括日常安全教育培训、定期安全考试和专题安全教育培训 3 个方面。

（1）日常安全教育培训，主要以车间、班组为单位组织开展，重点是安全操作规程的学习培训、安全生产规章制度的学习培训、作业岗位安全风险辨识培训、事故案例教育等。日常安全教育培训工作形式多样、内容丰富，因行业或生产经营单位的特点不同而各具特色。通常有班前会、班后会制度，“安全日活动”制度。班前会上，班组长在布置当天工作任务的同时，开展作业前安全风险分析，制订预控措施，明确工作的监护人等。工作结束后，班组长对当天作业的安全情况进行总结分析、点评等。“安全日活动”，即每周必须安排半天时间统一由班组或车间组织安全教育培训，企业的领导、职能部门的领导及专职安全监督人员深入班组参加活动。

（2）定期安全考试，是指生产经营单位组织从业人员定期对安全工作规程、规章制度、事故案例进行学习和培训，学习培训的方式较为灵活，但统一组织考试。定期安全考试不合格者应下岗接受培训，考试合格后方可上岗作业。

（3）专题安全教育培训，是指企业针对某一具体问题进行专门的培训工作。专题安全教育培训工作针对性强，效果比较突出。通常开展的内容有“三新”安全教育培训，法律法规及规章制度培训，事故案例培训等。

“三新”安全教育培训是生产经营单位实施新工艺、新技术、新设备（新材料）时，组织相关岗位对从业人员进行有针对性的安全生产教育培训。法律法规及规章制度培训是指国家颁布有关安全生产的法律法规，或生产经营单位制订新的有关安全生产规章制度后，组织开展的培训活动。事故案例培训是指在生产经营单位发生生产安全事故或获得与本单位生产经营活动相关的事故案例信息后，开展的安全教育培训活动。

案例分析

某住宅楼，建筑面积42000平方米，共6层，砖混结构。某年4月14日下午，瓦工钟某搭设3楼脚手架。16时10分左右，钟某未系安全带，站在自放且没有任何固定的长约1.4米、宽约0.25米的钢模板上操作，钢模板搭在脚手架两根小横杆上，中间又放1根活动的短钢管未加固定。当钟某竖起一根6米长、约24千克重的钢管立杆与扣件吻合时，由于钢管部分向外伸出，钟某虽用力吻合数次，试图使其准确到位，但未能如愿。因外斜力过大，钟某在钢模板上失去重心，随钢管从8.4米高处一同坠落，跌落于地面施工的跳板上，坠落时头面部先着地，安全帽跌落在2米以外。现场人员急送钟某到医院抢救，钟某终因失血过多，于18时30分死亡。

事故产生的原因：钟某安全意识淡薄，未经脚手架搭设技能培训，无操作上岗证违章作业，导致事故发生。

第十一章

班组事故应急管理

CHAPTER 11

第一节

事故应急管理概述

一、事故应急救援的基本任务

事故应急救援是指通过事前计划和应急措施，在事故发生时采取的消除、减少事故危害和防止事故恶化，最大限度降低事故损失的措施。由于各种原因，当事故的发生难以完全避免时，企业建立重大事故应急管理体系，组织及时有效的应急救援行动，已成为抵御事故风险或控制灾害蔓延、降低危害后果的关键手段。

事故应急救援的总目标是通过有效的应急救援行动，尽可能地降低事故的危害程度，包括人员伤亡、财产损失和环境破坏等。其基本任务包括以下 4 个方面。

（1）立即组织营救受害人员，组织撤离或者采取其他措施保护危害区域内的其他人员。抢救受害人员是应急救援的首要任务。在应急救援行动中，快速、有序、有效地实施现场急救与安全转送伤员，是降低伤亡率、减少事故损失的关键。必要时组织群众迅速撤离危险区或可能受到危害的区域。在撤离过程中，应积极组织群众开展自救和互救工作。

（2）迅速控制事态，并对事故造成的危害进行检验、监测，测定事故的危害区域、危害性质及危害程度。

（3）消除危害后果，做好现场恢复。针对事故对人体、动植物、土壤、空气等造成的现实危害和可能的危害，迅速采取封闭、隔离、洗消、监测等措施，防止对人的继续危害和对环境的污染。及时清理废墟和恢复基本设施，将事故现场恢复至相对稳定的状态。

（4）查清事故原因，评估危害程度。事故发生后应及时调查事故的发生原因和事故性质，评估事故的危害范围和危险程度，总结救援工作中的经验和教训。

二、事故应急管理的过程

应急管理是一个动态的过程，体现了“预防为主，常备不懈”的应急思想，包括预防、准备、响应和恢复 4 个阶段，构成了事故应急管理的循环过程。

（1）预防，一是预防事故发生，实现本质安全；二是减少事故损失。从长远看，低成本、高效率的预防措施是减少事故损失的关键。

（2）准备，是指为有效应对突发事件而事先采取的各种措施的总称，包括应急机构的建立和职责落实、预案的编制、应急队伍的建设、应急设备（施）与物资的准备和维护、预案的演练、与外部应急力量的衔接等。

（3）响应，是指在事故发生后立即采取的应急与救援行动，包括事故的报警与通报、人员疏散、急救与医疗、消防和工程抢险措施、外部救援等。及时响应是应急管理的主要原则。

（4）恢复，应在事故发生后立即进行，包括事故损失评估、原因调查、清理废墟等。恢复工作包括短期恢复和长期恢复工作。

三、事故应急响应的级别

典型的应急响应级别可分为以下 3 级。

（1）一级紧急情况，也称一级响应，是指必须利用所有有关部门及一切资源的紧急情况，或者需要各个部门同外部机构联合处理的各种紧急情况，通常要宣布进入紧急状态。

（2）二级紧急情况，是指需要两个或更多个部门响应的紧急情况。

（3）三级紧急情况，是指能被 1 个部门正常可利用的资源处理的紧急情况。

四、事故应急响应的程序

按响应过程来分，事故应急响应的程序包括接警与响应级别确定、应急启动、救援行动、应急恢复和应急结束 5 个过程，如图 11–1 所示。

（1）接警与响应级别确定。接到事故报警后，按照工作程序，对警情做出判断，初步确定相应的响应级别。如果事故不足以启动应急救援体系的最低响应级别，则响应关闭。

（2）应急启动。应急响应级别确定后，按所确定的响应级别启动应急程序，如通知应急中心有关人员到位、开通信息与通信网络、通知调配救援所需的应急资源（包括应急队伍和物资、装备等）、成立现场指挥部等。

（3）救援行动。有关应急队伍进入事故现场后，迅速开展事故侦测、警戒、疏散、人员救助、工程抢险等有关应急救援工作。专家组为救援决策提供建议和技术支持。当事态超出响应级别无法得到有效控制时，向应急中心请求实施更高级别的应急响应。

（4）应急恢复。救援行动结束后，进入临时应急恢复阶段。主要工作包括现场清理、人员清点和撤离、警戒解除、善后处理和事故调查等。

（5）应急结束。执行应急关闭程序，由事故总指挥宣布应急结束。

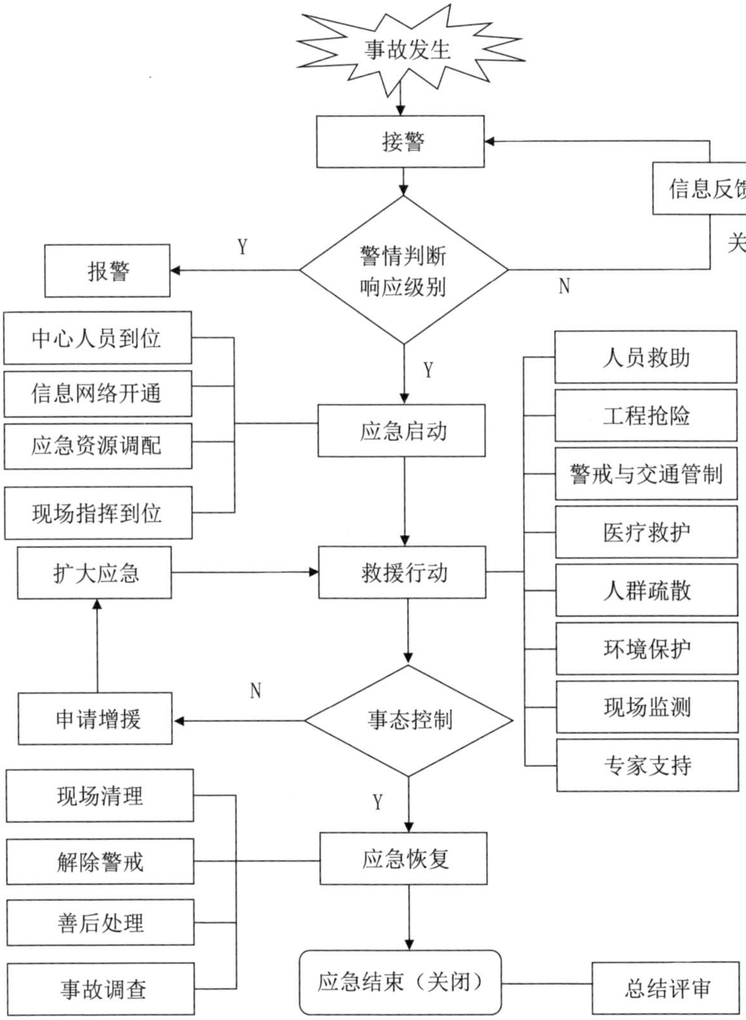

图 11-1　事故应急响应的程序

案例分析

某年7月29日8时40分左右，河南某煤矿东风井因暴雨引发地面洪水，经露头铝土矿坑和矿井老巷渗入井下，冲垮三道密闭门，导致巷道被淹。矿方立即组织井下人员撤离，33人及时升井，69人被困井下。

事故发生后，国家领导人作出重要批示，要求全力施救、科学施救，严防次生事故发生，确保被困矿工的生命安全。救援指挥部根据现场实际情况，制订了一堵、二排、三通风的科学救援方案。8月1日12时54分，随着最后一名矿工的安全升井，69名矿工在井下被困75个小时后全部生还。

第二节

事故应急预案

事故应急预案是针对可能发生的事故及其影响和后果的严重程度，为应急准备和应急响应的各个方面所预先作出的详细安排。事故应急预案是事故应急系统的重要组成部分，对于如何在事故现场开展应急工作具有重要的指导意义。

一、事故应急预案体系

《生产经营单位安全生产事故应急预案编制导则》（GB/T 29639-2020）规

定："生产经营单位应急预案分为综合应急预案、专项应急预案和现场处置方案。生产经营单位应根据有关法律、法规和相关标准，结合本单位组织管理体系、生产规模和可能发生的事故特点，科学合理确立本单位的应急预案体系，并注意与其他类别应急预案相衔接。"

（1）综合应急预案。综合应急预案是生产经营单位为应对各种生产安全事故而制订的综合型工作方案，是本单位应对生产安全事故的总体工作程序、措施和应急预案体系的总纲。

（2）专项应急预案。专项应急预案是生产经营单位为应对某一种或多种类型生产安全事故，或者针对重要生产设施、重大危险源、重大活动预防发生生产安全事故而制订的专项工作方案。当专项应急预案与综合应急预案中的应急组织机构、应急相应程序相近时，可不单独编写专项应急预案，相应的应急处置措施并入综合应急预案。

（3）现场处置方案。现场处置方案是生产经营单位根据不同生产安全事故类型，针对具体的场所、装置或设施所制订的应急处置措施。现场处置方案重点规范事故风险描述、应急工作职责、应急处置措施和注意事项，应体现自救互救、信息报告和先期处置的特点。事故风险单一、危险性小的生产经营单位，可只编制现场处置方案。

二、应急预案的编制程序和内容

（一）应急预案的编制程序

生产经营单位应急预案编制程序包括成立应急预案编制工作组、资料收集、风险评估、应急资源调查、应急预案编制、桌面推演、应急预案评审和批准实施 8 个步骤。

生产经营单位应结合本单位职能和分工，成立以单位有关负责人为组长，单位相关部门人员（如生产、技术、设备、安全、行政、人事、财务人员）参加的应急预案编制工作组，明确工作职责和任务分工，制订工作计划，组织开展应急预案编制工作。预案编制工作组应邀请相关救援队伍以及周边相关企业、单位或社区代表参加。通过评审的应急预案，由生产经营单位主要负责人签发实施。

（二）应急预案的内容

根据《生产经营单位安全生产事故应急预案编制导则》（GB/T 29639-2020）规定，应急预案的内容包括以下 3 个方面。

（1）综合应急预案的内容。包括：总则（适用范围、响应分级），应急组织机构及职责，应急响应（信息报告、预警、响应启动、应急处置、应急支援、响应终止），后期处置，应急保障（通信与信息保障、应急队伍保障、物资装备保障、其他保障），附件。

（2）专项应急预案的内容。包括：适用范围、响应启动、处置措施、应急保障。

（3）现场处置方案的内容。包括：事故风险描述、应急工作职责、应急处置、注意事项。

案例分析

某化工厂位于某市北郊，西距厂生活区约 500 米，厂区东面为山坡地，北邻一村，西邻排洪沟，南面为农田。其主要产品为羧基丁苯胶乳。生产工艺流程为：从原料罐区来的丁二烯、苯乙烯、丙烯腈分别通过管道进入聚合釜，生产原料及添加剂在皂液槽内配置好后加入聚合釜；投料结束后，将胶乳从聚合釜转移到后反应釜；反应结束后，胶乳进入气提塔，然后再进入改性槽，经调和后经泵打入成品储罐。

生产过程中存在多种有毒、易燃易爆物质。为避免重大事故发生，该厂决定编制应急救援预案。厂长将该任务指派给厂安全科，安全科成立了以科长为组长，科员甲、乙、丙、丁为成员的 5 人应急救援预案编制小组。

编制小组找来了一个相同类型企业 A 的应急救援预案，编制人员将企业 A 应急救援预案中的企业名称、企业介绍、科室名称、人员名称及有关联系方式全部按本厂的实际情况进行了更换，按期向厂长提交了应急救援预案初稿。此后，编制小组根据厂长的审阅意见，修改完善后形成了应急救援预案的最终版本，经厂长批准签字后下发至全厂有关部门。

该厂在应急预案编制中存在的问题主要包括：应急预案编制小组结构不合理，编制过程中未开展风险评估、应急资源调查，未组织评审预案。

第三节

事故应急演练

一、事故应急演练的类型

事故应急演练是指针对事故情景，依据应急预案而模拟开展的预警行动、事故报告、指挥协调、现场处置等活动。事故应急演练的目的包括检验预案、锻炼队伍、磨合机制、宣传教育、完善准备等。

（一）按组织形式分类

按事故应急演练组织形式的不同，分为桌面演练和现场演练。

（1）桌面演练，指针对事故情景，利用图纸、沙盘、流程图、计算机、视频等辅助手段，依据应急预案而进行交互式讨论或模拟应急状态下应急行动的演练活动。

（2）现场演练，指选择（或模拟）生产经营活动中的设备设施、装置或场所，设定事故情景，依据应急预案而模拟开展的演练活动。

（二）按内容分类

按事故应急演练内容的不同，分为单项演练和综合演练。

（1）单项演练，指针对应急预案中某项应急响应功能开展的演练活动。

（2）综合演练，指针对应急预案中多项或全部应急响应功能开展的演练活动。

（三）按目的与作用分类

按事故应急演练目的与作用的不同，分为检验性演练、示范性演练和研究性演练。

（1）检验性演练，指为检验应急预案的可行性、应急准备的充分性、应急机制的协调性及相关人员的应急处置能力而组织的演练。

（2）示范性演练，指为检验和展示综合应急救援能力，按照应急预案开展的具有较强指导宣教意义的规范性演练。

（3）研究性演练，指为探讨和解决事故应急处置的重点、难点问题，试验新方案、新技术、新装备而组织的演练。

二、事故应急演练的参与人员

事故应急演练的参与人员包括参演人员、控制人员、模拟人员、评价人员和观摩人员等，并且在演练过程中都应佩戴能表明其身份的识别符。

（1）参演人员，指在应急组织中承担具体任务，并在演练过程中尽可能对演练情景或模拟事件作出真实情景下可能采取的响应行动的人员，相当于通常所说的演员。

（2）控制人员，指根据演练情景，控制演练时间进度的人员。

（3）模拟人员，指演练过程中扮演、代替某些应急组织和服务部门的人员，或模拟紧急事件、事态发展的人员。

（4）评价人员，指负责观察演练进展情况并予以记录的人员。

（5）观摩人员，指来自有关部门、外部机构的人员以及旁观演练过程的观众。

三、事故应急演练的流程

事故应急演练实施的基本流程包括计划、准备、实施、评估总结、持续改进5个阶段。

（1）计划。包括：需求分析、明确任务、制订计划。

（2）准备。包括：成立演练组织机构、编制文件、工作保障。

（3）实施。包括：现场检查、演练简介、启动、执行、演练记录、中断、结束。

（4）评估总结。包括：评估和总结。

（5）持续改进。包括：应急预案修订完善和应急管理工作改进。

案例分析

2013年6月3日6时10分许，位于吉林省长春市德惠市的某禽业有限公司主厂房发生特别重大火灾爆炸事故，共造成121人死亡、76人受伤，17234平方米主厂房及主厂房内生产设备被损毁，造成直接经济损失1.82亿元。

事故的直接原因是：公司主厂房一车间女更衣室西面和毗连的二车间配电室的上部电气线路短路，引燃周围可燃物。

造成火势迅速蔓延的主要原因：一是主厂房内大量使用聚氨酯泡沫保温材

料和聚苯乙烯夹芯板（聚氨酯泡沫燃点低、燃烧速度极快，聚苯乙烯夹芯板燃烧的滴落物具有引燃性）。二是一车间女更衣室等附属区房间内的衣柜、衣物、办公用具等可燃物较多，且与人员密集的主车间用聚苯乙烯夹芯板分隔。三是吊顶内的空间大部分连通，火灾发生后，火势由南向北迅速蔓延。四是当火势蔓延到氨设备和氨管道区域时，燃烧产生的高温导致氨设备和氨管道发生物理爆炸，大量氨气泄漏。

造成重大人员伤亡的主要原因：一是起火后，火势从起火部位迅速蔓延，聚氨酯泡沫、聚苯乙烯夹芯板等材料大面积燃烧，产生高温有毒烟气，同时伴有泄漏的氨气等毒害物质。二是主厂房内逃生通道复杂，且南部主通道西侧安全出口和二车间西侧直通室外的安全出口被锁闭，火灾发生时人员无法及时逃生。三是主厂房内没有报警装置，部分人员对火灾知情晚，加之最先发现起火的人员没有来得及通知二车间等区域的人员撤离，使一些人丧失了最佳逃生时机。四是公司未对员工进行安全培训，未组织应急疏散演练，员工缺乏逃生自救互救知识和能力。

第四节

事故应急处置

一、事故应急处置的基本要求

（1）按照以人为本的要求，科学制订应急处置方案，减少人员伤亡和财产损失。

（2）在做好事故应急救援工作的同时，应迅速组织群众撤离事故危险区域，维护好事故现场和社会秩序。

（3）迅速撤离、疏散现场人员，设置警示标志，封锁事故现场和危险区域，同时设法保护相邻装置、设备，防止事态进一步扩大和引发次生事故。

（4）参加应急救援的人员必须受过专门的训练，配备相应的防护（隔热、防毒等）装备及检测仪器（毒气检测等）。

（5）立即调集外伤、烧伤、中毒等方面的医疗专家对受伤人员进行现场医疗救治，适时进行转移治疗。

（6）掌握事故发展情况，及时修订现场救援与处置方案，有效开展事故处置。

（7）开展事故应急处置时，应尽可能保护事故现场，以便进行事故调查处理工作。

二、事故现场避险自救

事故现场人员应该根据事故的种类、影响范围、严重程度等情况，采取科学、有效的避险自救措施，防止自身受到伤害。

（一）危险化学品泄漏事故的避险自救

发生危险化学品泄漏事故，现场人员应尽快撤离。

（1）做好防护再撤离。泄漏区域人员撤离前应自行或相互帮助戴好防毒面罩或者用湿毛巾捂住口鼻，同时穿好防毒衣或雨衣（风衣），把暴露的皮肤保护起来免受损害。

（2）迅速判明上风方向。现场人员应迅速判明风向，可利用旗帜、树枝、手帕。

（3）防止继发伤害。现场人员应尽可能利用交通工具向上风向作快速转移。撤离时，应选择安全的撤离路线，避免横穿泄漏源中心区域或危险地带，防止继发伤害。

（4）在安全区域进行急救。遇呼吸心跳骤停的伤病员应立即将其运离染毒区，就地立即实施人工心肺复苏，并通知其他医务人员前来抢救，或者边做人工心肺复苏边就近转送医院。

（5）进行自救和互救，发扬互帮互助精神。染毒区人员在自救的基础上，要帮助同伴一起撤离染毒区域，已受伤或中毒的人员更是需要他人的帮助。企业职工尤其是救援人员，应掌握自救与互救方面的一些基础知识和基本技能，如胸外心脏按压，人工呼吸，防护用品的使用，事故状态下的紧急逃生、撤离，烧伤或触电的现场紧急处理，外伤急救技术，等等。

（二）火灾事故的逃生自救

（1）应沉着冷静，辨明方向，迅速撤离危险区域。如果火灾现场人员较多，切不可慌张，更不要相互推挤、盲目跟从或乱冲乱撞、相互践踏，以防造成意外伤害。

（2）在高层建筑中，电梯的供电系统在火灾发生时会随时断电。因此，发生火灾时千万不可乘坐普通电梯逃生，而要根据情况选择进入相对安全的楼梯、消防通道、有外窗的通廊等。此外，还可以利用建筑物的阳台、窗台、天台屋顶等攀登到周围的安全地点。

（3）在救援人员还不能及时赶到的情况下，可以迅速利用身边的绳索或床单、窗帘、衣服等自制成简易救生绳，有条件的最好用水将其浸湿，从窗台或阳台沿绳缓滑到下面楼层或地面；还可以沿着水管、避雷线等建筑结构中的凸出物滑到地面安全逃生。

（4）暂避到较安全的场所，等待救援。假如房门已感到烫手，或已知房间被大火或烟雾围困，此时切不可打开房门，否则火焰与浓烟会顺势冲进房间。这时可采取创造避难场所、固守待援的办法。首先应关紧迎火的门窗，打开背火的门窗，用湿毛巾或湿布条塞住门窗缝隙，或者用水浸湿棉被蒙上门窗，并不停地泼水降温，同时用水淋透房间内的可燃物，防止烟火侵入。

（5）设法发出信号，寻求外界帮助。被烟火围困暂时无法逃离的人员，应尽量站在阳台或窗口等易于被人发现和能避免烟火近身的地方。白天可以向窗外晃动颜色鲜艳的衣物；晚上可以用手电筒不停地在窗口闪动或者利用敲击金属物、大声呼救等方式，引起救援者的注意。

三、事故现场应急救护

（一）应急救护的原则

（1）在周围环境不危及生命的条件下，一般不要随便搬动伤员。

（2）暂不要给伤员喝任何饮料和进食。

（3）如发生意外而现场无人时，应向周围大声呼救，请求来人帮助或设法联系有关部门，不要单独留下伤员使其无人照管。

（4）伤员较多时，应根据伤情对伤员分类抢救，处理的原则是先重后轻、先急后缓、先近后远。

（5）对呼吸困难、窒息和心跳停止的伤员，立即将其头部置于后仰位，托起下颌，使其呼吸道畅通，同时施行人工呼吸、胸外心脏按压等复苏操作，原地抢救。

（6）对伤情稳定、估计转运途中不会加重伤情的伤员，迅速组织人力，利用各种交通工具分别转运到附近的医疗机构急救。

（7）现场抢救的一切行动必须服从有关领导的统一指挥，不可各自为政。

（二）人工呼吸

（1）使处于昏迷、失去知觉或假死状态的伤员仰卧，迅速解开其围巾、领口、紧身衣扣并放松腰带，颈部下方可以适当垫起以利于呼吸畅通，切不可在头部下方垫物。同时，还应再一次检查伤员是否已停止呼吸。

（2）把伤员的头侧向一边，清除口腔中的假牙、血块、黏液等异物。如舌根下陷，应把舌头拉出，使呼吸道畅通。如果伤员牙关紧闭，可用小木片、小金属片等坚硬物品从其嘴角插入牙缝，慢慢撬开嘴巴。

（3）使伤员的头部尽量后仰，鼻孔朝天，下颌尖部与前胸部大体保持在一条水平线上，如图 11-2a 所示。这样，舌根部就不会阻塞气道。

（4）救护人员蹲跪在伤员头部的左侧或右侧，一只手捏紧伤员的鼻孔，另一只手的拇指和食指掰开嘴巴，如图 11-2b 所示。如无法掰开嘴巴，可用口对鼻人工呼吸法，捏紧嘴巴，紧贴鼻孔吹气。

（5）深吸气后，紧贴掰开的嘴巴吹气，如图 11-2c 所示。吹气时可隔一层纱布或毛巾。吹气时要使伤员的胸部膨胀，每 5 秒钟一次，每次吹 2 秒钟。

（6）吹气后，应立即离开伤员的口（鼻），并松开伤员的鼻孔（或嘴唇），让其自由呼吸，如图 11-2d 所示。

（7）在人工呼吸的过程中，若发现伤员有轻微的自然呼吸时，人工呼吸应与自然呼吸的节律相一致。当自然呼吸有好转时，可暂停人工呼吸数秒并密切观察。若呼吸仍不能完全恢复，应立即继续进行人工呼吸，直至呼吸完全恢复正常为止。

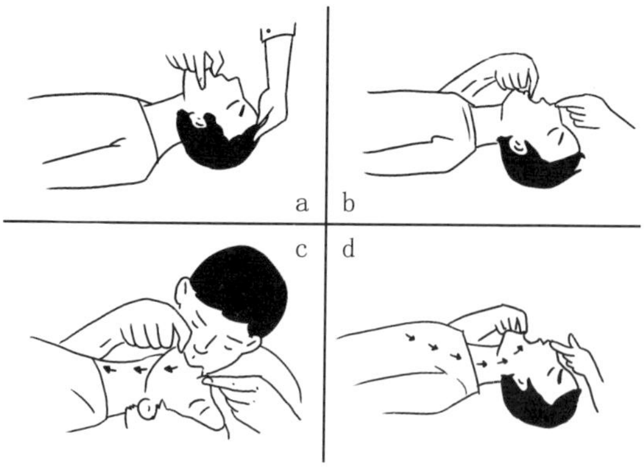

图 11-2　人工呼吸

（三）胸外心脏按压

（1）使伤员仰卧在比较坚实的地面或地板上，解开伤员的衣服，清除其口内异物，然后进行急救。

（2）救护人员蹲跪在伤员腰部一侧，或跨腰跪在其腰部，两手相叠如图 11-3a 所示。将掌根部放在被救护者胸骨下 1/3 的部位，即把中指尖放在其颈部凹陷的下边缘，手掌的根部就是正确的压点，如图 11-3b 所示。

（3）救护人员两臂肘部伸直，掌根略带冲击地用力垂直下压，压陷深度为 3～5 厘米，如图 11-3c 所示。成人每秒钟按压一次，太快或太慢效果都不好。

（4）按压后，掌根迅速全部放松，让伤员胸部自动复原。放松时掌根不必完全离开胸部，如图 11-3d 所示。

按以上步骤连续不断地进行操作，每秒钟按 1 次。按压时定位必须准确，压力要适当，不可用力过大过猛，以免挤压出胃中的食物，堵塞气管，影响呼吸，或造成肋骨折断、气血胸和内脏损伤等。也不能用力过小，起不到按压的作用。

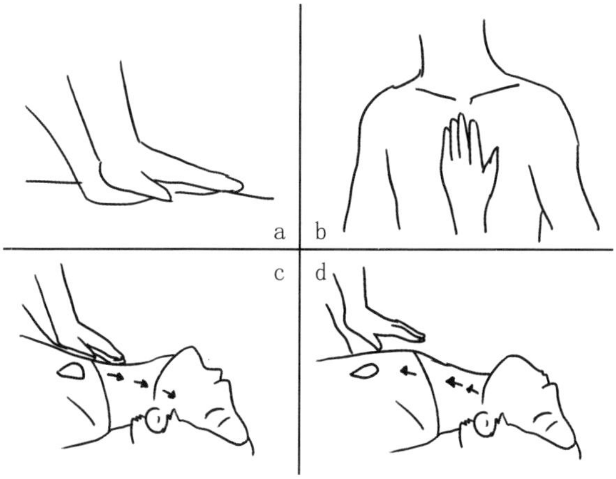

图 11-3　胸外心脏按压

（四）触电事故的急救

触电急救的基本原则是动作迅速、方法正确。有资料指出，从触电后1分钟开始施救，90%的救治者有良好效果；从触电后6分钟开始施救，10%的救治者有良好效果；而从触电后12分钟开始施救，被救活的可能性很小。主要急救方法有以下4种。

（1）脱离电源。发现有人触电后，应立即关闭开关、切断电源。同时，用木棒、皮带、橡胶制品等绝缘物品挑开触电者身上的带电物体，并立即拨打报警电话。需要防止触电者脱离电源后可能的摔伤，特别是当触电者在高处的情况下，应考虑采取防摔措施。

（2）解开妨碍触电者呼吸的紧身衣服，检查触电者的口腔，清理口腔黏液，如有假牙，则应取下。

（3）立即就地抢救。当触电者脱离电源后，应根据触电者的具体情况，迅速对症救护。现场应用的主要救护方法是人工呼吸法和胸外心脏按压法。应当注意急救应尽快进行，不能等医生到来后再开始，在送往医院的途中，也不能中止急救。

（4）如有电烧伤的伤口，应包扎后到医院就诊。

（五）中毒窒息事故的救护

（1）通风。加强全面通风或局部通风，用大量新鲜空气稀释冲淡中毒区的有毒有害气体浓度，待有害气体浓度降到容许浓度时，救护人员方可进入现场抢救。

（2）做好防护工作。救护人员在进入危险区域前必须戴好防毒面具、自救器等防护用品，必要时也应给中毒者戴上。迅速将中毒者从危险的环境转移到安全、通风的地方，如果伤员失去知觉，可将其放在毛毯上提拉，或抓住衣服，头朝前转移出去。

（3）如果是一氧化碳中毒，中毒者还没有停止呼吸，则应立即松开中毒者的领口、腰带，使中毒者能够顺畅地呼吸新鲜空气；如果呼吸已停止但心脏还在跳动，则应立即进行人工呼吸，同时针刺人中穴；若心脏跳动也停止了，应迅速进行胸外心脏按压，同时进行人工呼吸。

（4）对于硫化氢中毒者，在进行人工呼吸之前，要用浸透食盐溶液的棉花或手帕盖住中毒者的口鼻。

（5）如果是瓦斯或二氧化碳窒息，情况不太严重时，可把窒息者移到空气新鲜的场所稍作休息；若窒息时间较长，就要进行人工呼吸抢救。

（6）如果毒物污染了眼部和皮肤，应立即用水冲洗；对于口服毒物的中毒者，应设法催吐，简单有效的办法是用手指刺激舌根；若误服腐蚀性毒物，可口服牛奶、蛋清、植物油等对消化道进行保护。

（7）救护中，抢救人员一定要沉着，动作要迅速。对任何处于昏迷状态的中毒人员，必须尽快送往医院进行急救。

（六）热烧伤事故的救护

火焰、开水、蒸汽、热液体或固体直接接触人体引起的烧伤都属于热烧伤。热烧伤的救护方法包括以下 4 种。

（1）轻度烧伤尤其是不严重的肢体烧伤，应立即用清水冲洗或将患肢浸泡在冷水中 10～20 分钟，如不方便浸泡，可用湿毛巾或湿布单盖在患部，然后浇冷水，以使伤口尽快冷却降温，减轻损伤。穿着衣服的部位如烧伤严重，先不要脱衣服，否则易使烧伤处的水疱、皮肤一同撕脱，造成伤口创面暴露，增加感染机会。应立即朝衣服上浇冷水，待衣服局部温度快速下降后，再轻轻脱去衣服或用剪刀剪开衣服。

（2）若烧伤处已有水疱形成，则小水疱不要弄破，大水疱应到医院处理或用消过毒的针刺破水疱排出疱内液体，以免影响创面修复，增加感染机会。

（3）烧伤创面一般不做特殊处理，不要在创面上涂抹任何有刺激性的液体或不清洁的粉或油剂，只需保持创面及周围清洁即可。较大面积烧伤，用清水冲洗清洁后，最好用干净纱布或布单覆盖创面，并尽快送往医院治疗。

（4）火灾引起烧伤时，应立即脱去伤员着火的衣服，如果一时难以脱下来，可让伤员卧倒在地滚压灭火，或用水浇灭火焰。切勿带火奔跑或用手拍打，否则可能使得火借风势越烧越旺，使手被烧伤。也不可在火场大声呼救，以免导致呼吸道烧伤。要用湿毛巾捂住口鼻，以防烟雾吸入导致窒息或中毒。

案例分析 1

2013 年 7 月 29 日 11 时，河北钢铁集团某公司二炼铁焦炭场地发生一起触电事故，造成 1 人死亡，直接经济损失 60 万元。

7 月 29 日上午，马某林施工队雇用的临时作业人员王某昌、马某、张某和王某田在河北钢铁集团某公司二炼铁焦炭场地施工现场进行地面硬化作业。11 时 10 分左右，王某昌驾驶混凝土摊平机在施工现场由南向北行进作业，行进途中发现建筑施工用振捣棒停放在施工现场西侧，影响摊平机行进作业。于是，王某昌告诉在附近作业的马某，让其将振捣棒挪动一下位置。随后，马某走到振捣棒前，刚用手去扶振捣棒扶把时，突然倒在地面上。与马某一起作业的王某田看到此种情况，立即跑过去用手去拉马某，手臂触电，其迅速摆脱马某，立即关闭建筑施工用振捣棒电源开关。现场人员迅速拨打 120 急救电话，王某昌、张某、马某林立即对马某进行现场急救。11 时 30 分，120 急救车到达事故现场，立即将马某送往市人民医院进行抢救。12 时 10 分，马某经抢救无效后死亡。

事故的直接原因是：建筑施工用振捣棒因电线老化而漏电，马某用手去扶振捣棒扶把时，发生触电事故。

事故的间接原因如下：

（1）安全管理不到位。公司将峪沟料场道路、场坪、挡墙、排水沟工程承包给不具备任何施工资质的社会自由人王某东；王某东又将路面硬化工程分包给不具备任何资质的社会自由人马某林。公司对施工现场疏于管理 。

（2）安全教育培训不到位。王某东和马某林个体施工队未对临时作业人员进行安全教育培训，致使临时作业人员安全意识淡薄，对作业现场可能存在的危险因素认识不足，自我防范意识不强。

（3）设备隐患排查不到位。对施工现场建筑设备安全隐患排查不彻底，致使设备带病作业。

案例分析 2

某日，云南省玉溪市某钢铁公司高速线材厂两名员工在处理加热炉煤气阀站盲板阀故障时，发生煤气中毒而晕倒。高速线材厂其他员工看见两人晕倒后，纷纷进入车间进行施救，但由于施救方法不当，多人出现不同程度中毒。事故造成 4 人死亡、15 人受伤。

事故的原因如下：

（1）管理制度不健全。公司在复产引煤气时没有制订实施方案，缺少煤气作业的审批和确认等制度及安全操作规程。

（2）违规操作。员工在调节阀开启状态下启动盲板阀，造成盲板阀开启过程中受压过大，电机烧坏，致使煤气泄漏。

（3）违章指挥。该厂厂长在不佩戴任何防护装备的情况下处理现场故障，致使其中毒倒下，导致伤亡事故发生。

（4）防护装备维护不善。事故救援时，现场仅有的两台空气呼吸器使用不到两分钟便失效。

（5）盲目施救。多人多次在未佩戴防护装备的情况下进行施救，导致事故扩大。

图书在版编目（CIP）数据

班组安全管理实务 / 谢振华著. —北京：中国工人出版社，2021.10
ISBN 978-7-5008-7739-4

Ⅰ. ①班… Ⅱ. ①谢… Ⅲ. ①班组管理－安全管理 Ⅳ. ①F406.6

中国版本图书馆CIP数据核字（2021）第194535号

班组安全管理实务

出 版 人	王娇萍
责任编辑	唐寅兴
责任印制	栾征宇
出版发行	中国工人出版社
地 址	北京市东城区鼓楼外大街45号 邮编：100120
网 址	http://www.wp-china.com
电 话	（010）62005043（总编室） （010）62005039（印制管理中心） （010）82027810（职工教育分社）
发行热线	（010）82029051 62383056
经 销	各地书店
印 刷	宝蕾元仁浩（天津）印刷有限公司
开 本	710毫米×1000毫米 1/16
印 张	11.5
字 数	140千字
版 次	2021年12月第1版 2024年6月第2次印刷
定 价	39.00元